飛田和緒

晴れた日にはキッチンで

はじめに

最初に単行本で出版した、お料理絵日記『チャッピーの台所』から10年、あっというまに年月が過ぎました。

日記を読み返すといろいろ思い出されます。

その頃毎日つけていたごはん日記を、幸運にも一冊にまとめてくださるというお話をいただき、そこから何かお伝えできるものがあったらと日々の暮らしで気づいたこと、思ったことを書き出していきました。

振り返るとどこか手探りだったようにも思いますし、目にみえない何かをさがしていたのではとも思います。そしてなんといっても若かった。結婚をしてようやく生活が落ち着いて、ふたりで暮らしていく時間、スタイルみたいなものがみえはじめた頃でした。

そこから10年、長いような、短いような時間が過ぎ、やっとわたしたちは家族になれた気がします。いい意味で気がぬけたというか、甘えも覚悟もできた。自分らしく生活できるようになりました。

ぴしっと一本筋がとおって、すっきり気持ちがいい。

思えばあの頃はいろんなものにふりまわされていましたね。読み返すと気恥ずかしいことばかりですが、それもわたしの大切な日々だったのです。

そんな日々とともに、幸せなことにお料理の仕事がなりたつようになり、40歳という年にもなり、わたし自身をもう一度みてみたくなって日記をつけてみることになりました。

主婦としての視点はどこもかわっていないと思います。ただわたしの印象は仕事をしたという実感が、とてもあります。はじめて働く喜びを知り、もっともっとやりたいと思うことがあふれてきたのもここにきてのこと。人生にはいろんなことがおこるものだとしみじみ感じます。

お料理を通してみえてくる暮らしはかっこいいことばかりじゃない、どたばたな日々もまた、本当のわたしと家族の姿なのだと。そんな様子もまた記していこうと思いました。

さて前作にも登場しましたが、夫が小さい頃からかわいがってきたぬいぐるみのチャッピーと、6年前ひょっこりベランダから我が家にやってきた新しい同居人、黒猫のクロ。ふたりは大切な家族としてたびたび日記に登場することになりました。素人の絵ではありますが、イラストとともに家族の姿をご想像いただきながら、ページをめくっていただけましたら、うれしいです。

クロ

突然マンションのベランダで鳴いていた真っ黒な猫。いつのまにか我が家のソファーが寝床となり、今ではチャッピーと仲良く一緒に寝ています。大好きな場所は押し入れ。好物はお風呂のお湯。

チャッピー

夫が子供の頃から大切にしているぬいぐるみで、結婚したときに彼を連れてやってきました。妻としては最初は驚くやら、心配するやら、不思議な気分でしたが、今となっては仲のよい同居人です。

目次

春

夏

秋

冬

春

夏

秋

春

3月1日
あめ

夜な夜な作る基本のおだし

今日はスーパーで焼きあごという、おだし用の干魚を買いました。

先月、おみそ汁ばかり100杯作るという仕事をしました。おみそ汁は大好きなので、具の組み合わせは限りなくあると思っていましたが、なにせ撮影は短時間。具の組み合わせに悩むよりも100杯すべておいしくいただけるか、飽きてしまうのではとちょっと不安に思っていました。ところが飽きるどころか、すべておいしかった。手前みそとはよく言ったものです。

それまでは簡単な顆粒だしやだしパック、おおいに結構、使いやすいものを使っておだしはとっていいものとしてきましたが、その仕事をして以来、私は夜な夜なだしをとってはボトルに入れて冷蔵庫に保存するようになりました。撮影のときからの習慣になったといえばそれもひとつですが、なによりやはりていねいにとっただしのおいしさは格別です。これまでも手抜きをしていたとは思っていませんが、きっと私にもおだしをとろうという気持ちがわいてきたのでしょう。深夜チャッピーとクロと一緒におだしとりをする毎日となりました。

おだしをとりはじめてわかったことは毎日のおみそ汁に薬味や香辛料を使わなくなったこと。それらで味の変化を楽しまなくても、おだしの味で十分に味わいたい。そう思うようになりました。

いりこ、かつおだしのとり方

●材料

水　2リットル
煮干し　20〜30尾
かつおぶしまたはあらけずりぶし
20グラム

●作り方

水に煮干しを入れて一晩おきます。
４〜５分煮出して、アクを取って、かつおぶしまたはあらけずりぶしを入れて中弱火で静かに５分ほど煮ます。火を止めて、かつおぶしが沈んだら、ざるやキッチンペーパーでこします。

●メモ

煮干しの頭とはらわたを取るという作業がありますが、煮干しをかじってみて苦みのないものは取らずに使います。いいおだしの出る煮干しはそのまま食べてもおいしいのだと乾物屋さんに教わりました。

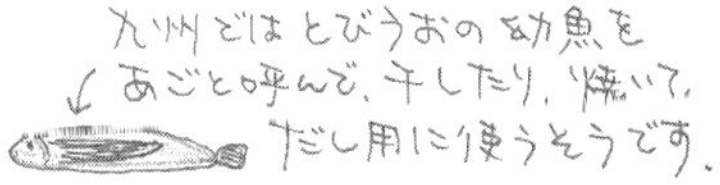

九州ではとびうおの幼魚を
あごと呼んで、干したり、焼いて、
だし用に使うそうです。

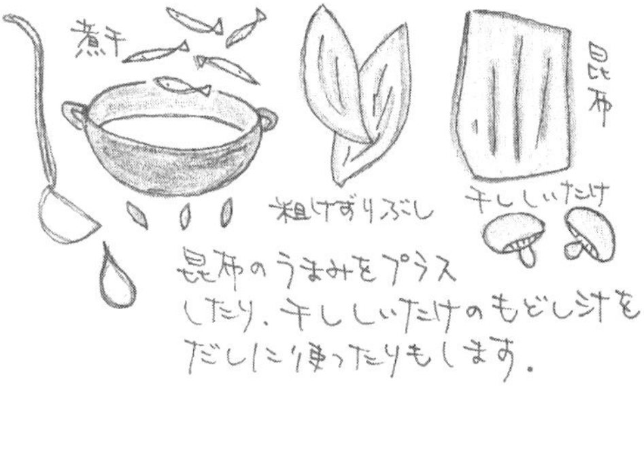

煮干
昆布
粗けずりぶし
干ししいたけ
昆布のうまみをプラス
したり、干ししいたけのもどし汁を
だしに使ったりもします。

3月5日
はれ

お豆の旅という名のお茶漬け

最近、おいしいもののお取り寄せの取材を受けることが本当に多くなりました。ブームなんでしょうか。交通や発送配達の便がよくなったこともあって、地方のおいしいものがすぐに手に入る時代。わざわざ出かけなくても自宅で懐かしい味や、思い出の味に会えるのですから、とてもうれしいのですが、反面その土地、その土地での出会いがなくなってしまうようでさびしい気もしています。

私は旅で出会ったおいしいものや、いただきものでおいしかったもののラベルやお店のカードなどをとっておき、専用の保存ファイルを作っています。といっても近頃はファイルにただただはさみ込んでいくだけという厚みばかり増すノートが一冊あり、ときどきそれをめくっては、そのときの味を思い出してよだれをたらしているのです。

そして今日は編集者のかたにお土産でいただいた「お豆の旅」のお店カードが、また私の大切なノートに加わることになりました。
「お豆の旅」というとつぶつぶお豆を想像してしまいますが、これはお豆で作ったゆばのつくだ煮。白だしでちりめんじゃこと山椒の実を一緒に炊いているようです。濃いおしょうゆ色がついていないので、つくだ煮とはいわないのかもしれませんが、しっかりと味はついていて、それをアツアツのごはんにのせて、一膳いただき、二膳め、三膳めはお茶漬けにしました。すし飯と合わせて混ぜずしの具にしてもいいなとか、日本酒の肴《さかな》にも喜ばれそうだなと思いながら、止まらないのです、箸が。きっとおすし用には、また自分で頼むことになるでしょう。

お豆の旅
京都祇園の京料理のお店
「北郎」さんの作るお茶漬けの友
『お豆の旅』
お豆が湯葉となって旅を続ける
うちにじゃこやさんしょうと出会って
できあがったおそうざいだから
この名がついたそうです。
細切りの生湯葉と
ちりめんじゃこ、
さんしょうの実がぎゅっと
詰まっていました。

3月6日
はれのちくもり

お豆続きで、甘いデザート

今日は一日かけてあずきを煮ていました。春だというのに、風が冷たくて、家にこもって、火鉢に火まで入れてしまったほどです。

火鉢の中の炭火を眺めていると心まであったかくなります。そして火が落ち着いてきた頃、火鉢を足で抱えるようにして丸くなると、ほんわかあったかくて、ずっとずっとこうしていたいって思うのです。私の冬の楽しみのひとつは火鉢を抱くこと。春ではありますが、今日はクロと火鉢のぬくもりの取り合いです。

そして火鉢に土鍋をのせてお豆を炊くと、これまたおいしい、ふっくらした煮豆が出来上がる。その風景だけで、もう口の中はお豆の味になってくる。くいしんぼう、いえいえいやしんぼうなんですね、きっと。

あずきは必ずお豆がやわらかくなってからお砂糖を加えることがポイント。最初から甘みを入れると豆のやわらかさが出ないようです。うちでは少し砂糖を控えめにして、作りおきしておき、アイスクリームにかけたり、混ぜたり、トーストにバターや生クリームと一緒にのせたり、おしるこにしたりして楽しみます。今日は夜、友人が遊びに来るので、豆腐入りの白玉でも作りましょうか。

豆腐白玉と
ココナツクリームとあずき

●材料　4人分

白玉粉　100グラムくらい
絹ごし豆腐　1/2丁
あずき煮　適量
ココナツミルク缶　１缶
牛乳　適量
砂糖　適量

●作り方

1　豆腐は水きりせずにそのままボウルに入れ、白玉粉を加えて耳たぶくらいのかたさになるまで混ぜます。やわらかいときには粉を足し、かための場合は水を加えるか、豆腐が残っていたら足して調整します。

2　ココナツミルクに牛乳と砂糖を加えて好みの味にのばし、あずきを入れて甘みを調整し、冷蔵庫で冷やしておきます。

3　たっぷりの湯を沸かして、１を小さく丸めてひとつひとつ湯に落とし、浮いてきたらすくい上げて冷水にとって冷まします。

4　２と３を合わせて器に盛りつけます。

●メモ

ココナツミルクと牛乳、あずきを合わせたものをあたたかくしてもおいしい。その日の気分で冷たくしたり、あたたかくしたり。

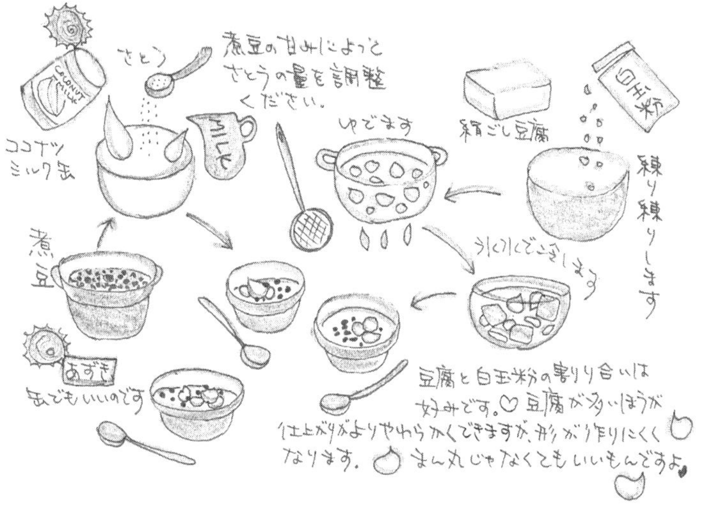

3月12日
はれのちくもり

塩で食べる手巻きずし

恵比寿にある三越の地下、いわゆるデパ地下でうれしいものを発見。ずっとずっとさがしていた大好きなイギリスの塩が売られていました。もう何年もさがしていて、いろんなスーパーに入るたびに必ず塩コーナーをチェックしていたんですが、なかなか見つからず、わざわざパリやハワイに出かけたときにたくさんの塩の箱を持ち帰っておりました。塩のせいで、成田空港では別室に連れていかれて荷物のチェックを受けたこともあるのです。そんなたいへんな思いをして手に入れていたものが、なんとも身近にあってうれしいような、ちょっと悲しいようなそんな気持ちで帰ってきました。

おいしい塩が手に入ったので、今晩は得意の塩手巻きずしにすることにしました。まぐろや白身のお刺身、いか、ほたてを、しょうゆではなく塩をパラパラッと振っていただくのです。わさびやしそやねぎやみょうがを添えたり、かぼすやレモンなどの柑橘類をギュッとしぼったりして、さっぱりと。ごはんを少なめに海苔にのせて具を巻くとつまみ風になり、ちょっと大人の手巻きずしです。

塩手巻きずし

●材料　4人分

白身魚、いか、まぐろの刺身　合わせて
３～４人前分
あさつき、しその葉、生わさび　各適宜
きゅうり　１本
みょうが　２個
白ごま　少々
レモン、すだち、ゆずこしょう　各適宜
おいしい塩　適量
すし飯、海苔　各適量

●盛り方例

・白身の刺身はしその葉をからませて盛り付け、まぐろは網焼き、またはグリルパンでさっと両面を焼いて盛り、いかは糸づくりにしてあさつきをあしらって盛りつけました。
・きゅうりとみょうがは千切りにして冷水につけてパリッとさせてから水気をよくきり、ごまをあしらって。
・海苔は我が家では４等分の正方形に切ります。

●食べ方

海苔にほんの少しのすし飯をのせ、しそやきゅうり、魚、おろしわさびをのせ、塩を振って、きゅっと柑橘類をしぼっていただきます。
食べ方にルールはありませんので、好きなものを好きな組み合わせで巻いてください。

イギリス産マルドンのお塩
うすく削ったような形状で
クリスタルの輝きにも似た
ほんとうに美しいお塩
テーブル塩として使います。
ステーキや焼き野菜にパラリとふると
一層おいしそうに見えるのです。

3月16日
はれのちあめ

両親の結婚記念日の日に

父と母が結婚して今年で40年になります。長いような短いような、そのほとんどの年月を私は見てきましたから、夫婦ふたりのいろんな姿をしみじみと思い出す日となりました。

母に聞くと、あっというまの40年だったと言います。3人の子供を育ててきたからでしょうか。あまり悩んだり落ち込んだりするまもなく、今思えば楽しかったことばかりを思い出すというのです。

母は強しですね。

チャッピーとクロを抱き締めながら、ふたりのことをあれこれ思っているうちに、ピンと食べたいものが浮かびました。大根の葉炒め。なぜこれが浮かんだのかは定かではありませんが、確かに実家ではこれが常備菜となっており、父の好物でもあるなと。

再びしみじみ。

大根の葉炒め

●材料

大根の葉　1本分
梅干し　2個
ごま油　大さじ1
みりん、しょうゆ　各少々
白ごま　適量

●作り方

1　大根の葉はよく洗って小口切りにします。梅干しの果肉を軽くたたいておきます。

2　フライパンにごま油を熱して、大根の葉を炒め、葉が緑鮮やかになったら、梅の果肉を入れて炒め合わせます。

3　みりんとしょうゆで味をととのえて、最後に白ごまを振ります。

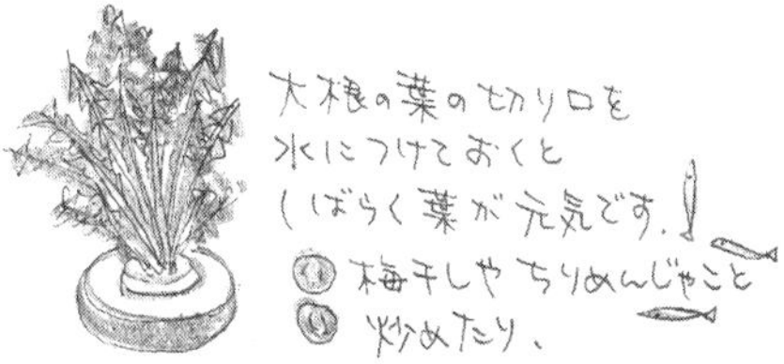
大根の葉の切り口を
水につけておくと
しばらく葉が元気です。
梅干しやちりめんじゃこと
炒めたり、

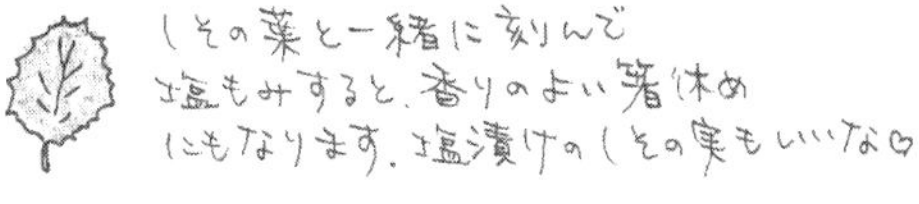
しその葉と一緒に刻んで
塩もみすると、香りのよい箸休め
にもなります。塩漬けのしその実もいいな♡

3月20日
はれ

ちっとの野菜を変身させる

久しぶりのお休みの日。夫も今日は夕方に羽田から地方へ飛んでサーキットに入るだけだというので、ふたりでお昼過ぎまでゴロゴロ、グダグダとしておりました。チャッピーとクロも窓辺でぬくぬくとひなたぼっこをしています。そんなことをしていてもしっかりとおなかがすくものですね。おうちにあるもので、なんとか休日らしいブランチはできないものかと、冷蔵庫をゴソゴソしていましたら、お野菜はなす1本、ズッキーニ1/2本くらい、きゅうり1本、セロリの葉少々、プチトマト3個、お肉、お魚類はなし、たまごは半ケース、こんな状態。料理家とはいえ、普段の冷蔵庫の中身はそんなもの。ふたり暮らしですから、買いおきするものは少ないのです。

ただ、それしかないというときに限って、なんだかエネルギーがわいてきます。もちろんおなかがすいているのもあるのでしょうけれど、パッとひらめくものがあるんですよね。

さて、そんなわけで本日のブランチはこんな感じに出来上がりました。

塩、こしょう、オリーブオイルで味つけしたきゅうりのカルパッチョをはじめ、アツアツゆでたまごのトマトセロリソースかけ、なすとズッキーニのスパゲティ、食後にはバラジャム入り紅茶を用意しました。

今日の料理のポイントはすべて材料を細かく切ること。小さくすることで少ない材料をボリュームアップさせるのです。

　ひとり暮らしをしていたときに学びました。そしてときには大きく切ったゴロッとした野菜を煮たり、焼いたり、素材の切り方で料理の印象はとてもかわるものです。

アツアツゆでたまごの トマトセロリソースかけ

●材料２人分と作り方

鍋にたまご２個を入れて、ひたひたよりやや多めの水を加え火にかけ、10分で引き上げます。そのあいだにプチトマト３個とセロリの葉少々、あればアンチョビフィレ１枚をみじん切りにして合わせて、塩で味をととのえ、ソースを作ります。アツアツのゆでたまごをエッグスタンドに立てて、上の部分を割って、スプーンでソースを混ぜながらいただきます。

トマトセロリ
ソースを
まぜて

なすとズッキーニのスパゲティ

●材料　２人分

なす　１本

ズッキーニ　1/2本

あればオリーブの実（黒、グリーンどちらでも）６個くらい

塩、こしょう　各適量

にんにく　ひとかけ

オリーブオイル　大さじ３

スパゲティ　200グラムくらい

●作り方

1　にんにくはみじん切り、なすとズッキーニ、オリーブは粗みじんに切ります。

2　スパゲティを塩ゆでします。

3　フライパンににんにくとオリーブオイルを入れて火にかけ、中弱火で香りが出るまで炒めてから、なすとズッキーニを入れてひと炒めします。

4　ゆでたてのスパゲティを３に合わせて、オリーブを加えて、さっと和えるように炒め合わせて、塩、こしょうで味をととのえます。

3月28日
はれ

薬味が中途半端に残ったら

今日はいいお天気なので、朝から洗濯をすることにしました。ただ気分はそんなふうに晴れ晴れしているのですが、洗濯物は外に干すことなく、お風呂場や部屋の中にずらり。というのも、私はたいへんな花粉症で、スギ花粉が終わっても、これから5月いっぱいくらいまで、ヒノキさんに悩まされることになるのです。やれやれです。これももう長いおつきあいなので、慣れましたけれど、洗濯物を太陽に当てられないのは少しさびしい。お日様のにおいにあこがれる春です。

さて、そんな日の台所はというと、洗濯のあいまに薬味味噌を作りました。きのうの撮影で、にんにく、しょうがのみじん切りが中途半端に残っていたので、ねぎのみじん切りをプラスして、油で味噌と一緒に炒めます。常備しておくと、生野菜につけたり、焼きおむすびに塗ったり、和えものや野菜炒めやスープの調味料にしたりできるので便利です。

薬味味噌

●材料　作りやすい分量

味噌　１カップ
ごま油　大さじ１
みりん、砂糖、しょうゆ、豆板醤《トウバンジャン》、赤唐辛子　各適量
しょうが、にんにく　各ふたかけ
ねぎ（青い部分が残っていたらそこも含めて1/2本分）

●作り方

しょうが、にんにく、ねぎをすべてみじん切りにし、ごま油で炒めます。香りが出てきたら、みそを加えて炒め合わせて、好みでみりんや砂糖、しょうゆなどで味をととのえます。辛みが好きなかたは豆板醤や赤唐辛子を加えて炒め合わせてもおいしいです。

にんにく
しょうが
長ねぎ
ごま油
味噌
ふだんおみそ汁に
使っているもので

スティック野菜のディップに

4月1日
はれ

桜の季節

桜の花のつぼみがふくらんできました。昨年の今頃はもう散りはじめていた記憶があります。あまりに開花が早すぎて毎年楽しみにしているお花見ができなかったのでした。

今年はスローペースな桜前線。うれしいな。ゆっくりゆっくり咲いて、たっぷりとその姿を見せてくださいな。

桜の花は見ているだけでとても華やいだ気分になります。花を見上げる人たちの顔はとてもやさしくほほえましい。だから桜の頃は時間があると外に出て、桜の木の下で深呼吸。大好きな時間です。チャッピーとクロもよく、窓から外の桜を眺めています。

桜はつぼみのふくらみもかわいらしいし、満開のときには空に桜の天井が広がって迫力がある。花びらが散ってじゅうたんのように敷きつめられるとちょっと切なく美しい。桜にはいろんな魅力がいっぱいつまっています。

桜の蒸しもの　２種
桜豆腐とお魚の蒸しもの

●材料　２人分

桜の花の塩漬け　花４個くらい
桜の葉の塩漬け　葉２枚
豆腐　１丁
白身の切り身魚　２切れ
うど　10センチくらい
日本酒　少々

●作り方

1　桜の花の塩漬けは水にはなして軽く塩を落としておきます。豆腐は軽く水きりし、半分に切っておきます。

2　切り身魚に桜の葉を巻きつけて、耐熱の器に入れ、桜の花をひとつずつのせて、酒を振って蒸気の上がった蒸し器に５分ほど入れます。

3　魚にほぼ火が通ったところで、豆腐を入れ、こちらにも桜の花をのせて、２～３分蒸して出来上がりです。

どちらも
¥300くらい
スーパーなどで
手に入る
食材です
花
葉
桜の花の塩漬けは
水に放して塩を
落としてから使います
葉の塩漬けはそのまま使います.
さくら餅についている葉っぱです.
白身魚の
切り身に
葉を巻いて
豆腐には
花をのっけて
蒸しあげます

4月6日
はれ

桜ふたたび

桜の季節はメールも桜三昧。今日はこんな素敵な２通のメールをいただき、またまた桜の花の中に飛び込んでいきたい気分となりました。

先日お仕事をご一緒した編集者のかたからは、

〈私のデスクからは見事な桜（どこかの寮の庭にあるんです）が１本見えます。それはそれは、力一杯咲いている、精一杯感が伝わってくる大きな木です。知り合いのお年寄りが「花はえらいね。呼びもしないのに、自然と人が集まってくる。その人が皆いい顔をしてる。花はえらいね。自然と人が集まってくる」と、よ～くつぶやいていました。最近、その言葉がとてもあたたかく心にひびいてきます〉

ほんとにそうだ。私なんぞ、桜があるだけで、ふだんはあまり寄らないところにまで足を運んだりしてしまうもの。桜のような人になりたい。

雪解けしたばかりの長野からは、

〈ここ数日でさらに暖かく、春の訪れを感じさせる長野です。友達のご主人が、おうちの庭から山桜を大ぶりに切って届けてくれたので、今年は家の中で、一足早いお花見ができそうです〉

いいなぁ、庭に山桜かぁ。都会の桜とはまた違う醍醐味《だいごみ》があるのでしょうね。桜メールが来るたびにうんうんうんとうなずいては顔がほころぶばかりです。

さて今夜はふたたび桜のお料理を。大好物の茶わん蒸しです。そういえば友人である谷村志穂さんのおうちでは、茶わん蒸しには必ず甘露煮の栗が入っています。出身の北海道では、栗を入れて少し甘めに作るのだそうです。それもまた好きな味です。

桜入り茶わん蒸し

●材料　2～3人分

たまご　2個
だし　1.5カップ
塩　小さじ1/4
薄口しょうゆ　少々
桜の花の塩漬け　2～3個
かまぼこ、三つ葉　各適量

●作り方

1　だしに調味料を加えて味つけし、冷ましておきます。

2　器に細切りにしたかまぼこと、塩を落とした桜の花を入れておきます。

3　1と割りほぐしたたまごを合わせて目の細かいざるで一度こし、2の器にたまご液を流し入れます。

4　よく蒸し上がっている蒸し器に入れて蓋をし、最初強火で1分くらい、弱火に落として15～20分蒸します。竹串を刺してみて、透き通った汁がにじみ出たら出来上がり。刻み三つ葉をのせます。

●メモ

たまご液は一度こし、だしとたまごを合わせたらすぐに蒸すこと。時間をおくと、だしとたまごが分かれてしまうので注意します。それから強火のままで蒸し上げるとスが入ったり、表面がぼこぼこに盛り上がったりしてしまうので気をつけましょう。今日は具をシンプルにしましたが、お好きなものを入れて作ってみてください。

夫にはつまみ風に
小さな器で作り
たっぷり食べたい
私は丼で♡

4月1日
くもり

しっこく桜

毎日、桜の下でひとり盛り上がっていたからでしょうか。はしゃぎすぎていたからかもしれません。今日は、私に小さな小さな事件が起こりました。

前から楽しみにしていたアドベンチャーズ・イン・モーション・ピクチャーズの白鳥の湖の公演があり、意気揚々と出かけたところ、チケットが前日のものだったことがわかったのです。チケットを手に入れたときから、すでに日時が混乱していました。スケジュール帳にも今日の欄に「お昼間渋谷でバレエ」と書き込んでおりました。大ヒットした映画「リトル・ダンサー」のエンディングで主人公の男の子が立派なダンサーとなって、大舞台に出ていくシーンがあったのですが、それが今回の公演のもので、男性が主役の白鳥を演じるという舞台でした。

もうがっかりするやら、逆にひとりで大笑いするやら。でもですね、私だけならまだよかったのですが、これに夫もつきあわせてしまったわけでして。こんなときはどうあやまったらいいんだろうか。桜の下でお弁当を食べてから出かけようと思っていたものですから、ふたりで静かにうちで焼きそば弁当をつつくことになりました。

お留守番を免れたチャッピーとクロはフフンと一瞥《いちべつ》。やれやれ。

焼きそばをお弁当にして持っていくときには半熟のたまごを必ずつけます。冷えて少しかたくなった麺《めん》にとろりとした黄身をくずしてからめると、口当たりも味わいもいい感じに全体がやわらかくなるのです。

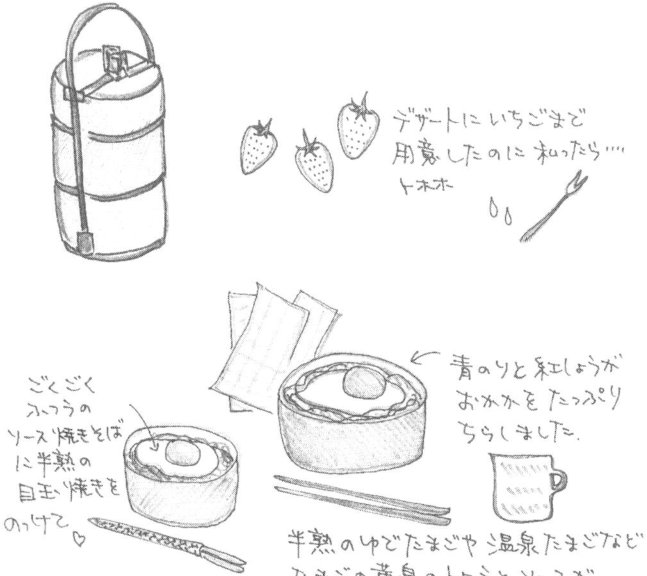

デザートにいちごまで
用意したのに私ったら……
トホホ
ごくごく
ふつうの
ソース焼きそば
に半熟の
目玉焼きを
のっけて♡
青のりと紅しょうが
おかかをたっぷり
ちらしました。
半熟のゆでたまごや温泉たまごなど
たまごの黄身のトロミとソースが
よく合います。

4月15日
あめのちくもり

おいしいみりんでそばつゆ作り

甘み控えめのおいしいみりんをいただきました。

甘みは砂糖でつけたいなと思う料理もありますから、この一本はまた新たな料理へのきっかけを作ってくれそうな気がします。新しい調理道具を買ったときもそうですが、新味の調味料もまた、料理をやる気にさせてくれます。

さっそくこの一本で作ったのが、そばつゆ。気に入っていた市販のそばつゆが最近簡単に手に入らなくなってしまったものですから、これはもう手作りしておこうと。麺好きなこともありますけれど、めんつゆは調味料としてもとても重宝しますので、いつも冷蔵庫にあると心強いのです。

私はみりんとしょうゆ、だしだけで作ります。好みで砂糖を加えたり、だしもかつおだけのもの、いりこのものなど、組み合わせを楽しんで作ってみると、好みのめんつゆが出来上がっていきますね。みりんとしょうゆを合わせて、一晩おくことでふたつの味がまろやかに。めんつゆはできたてよりも、作ってから少し寝かせたほうがおいしくなるような気がします。そして、みりんは本みりんを使ってください。みりん風味ではなく、アルコール分の入っているものを使います。なので、火にかけるときには気をつけて。アルコールに火が入ることがあります。

めんつゆ

●材料　作りやすい分量

みりん、しょうゆ　各1カップ
だし　1～1.5カップくらい

●作り方

1　みりんを鍋に入れて火にかけ、アルコール分を飛ばしたら、火を止めます。

2　しょうゆを合わせて粗熱が取れたら、煮沸した保存瓶に入れて、そのまま一晩寝かせます。

3　だしと合わせて出来上がり。冷蔵庫で保存します。

揚げびたし

●材料と作り方

季節の野菜を一度高温の油で素揚げし、揚げたてをめんつゆに漬け込んでいきます。すぐに食べるときには濃いめのめんつゆに、1時間ほど漬け込むときにはめんつゆのだしの割合を多めにとって作ります。今日はパプリカやいんげん、アスパラガス、新じゃが、新ごぼうを揚げてみました。

4月18日
はれ

静かな午後のお茶

なんにも予定のない午後の時間。ゆっくり台所を片づけて、ためていたアイロンかけをしました。アイロンは布がまだ完全に乾かないうちにかけたほうが、よくのびることはわかっているのですが、少しずつため込んでしまいます。シーツやら、ハンカチやら、たっぷりとあり、かけがいがありました。

アイロンかけは苦でなく、むしろ好きな家事です。洗濯皺《じわ》がピッとのびていくのはとても気持ちがよいものです。今年アイロン台とアイロンを新調したこともあって、ますますその時間は楽しいものとなりました。

以前は床にすわってかけるタイプの小さな台だったのですが、立って作業ができる外国製のものを購入。大きなシーツやソファのカバーなどはとても楽にかけられるようになりましたし、アイロンも立ってかけたほうがほどよく力がかかって、すべりがいい。ただこの台はたたんでも大きさがあるので、なんとかコンパクトに収納できるものがあったらなと、また贅沢なことを思ってしまうのでした。

アイロンかけのあいまにウーロン茶と牛乳を合わせたウーロン・オレを作り、ちょっとひと息。

今日は、和三盆でほんのり甘みをつけてみました。これは長野にある夏至という名の器のギャラリーカフェでいただいて以来、うちでもよく作るお茶のひとつとなりました。市内のはずれの高台にあり、いつも心地よい風が通っている、私の大好きな場所です。来月あたり長野へ行こうかな。

ウーロン・オレ

●材料と作り方

ウーロン茶の茶葉をほんの少しの湯で濃く煮出してから牛乳を合わせて、ブクブク沸騰させないよう、静かにひと煮し、茶こしでこしてカップに注ぎ入れます。好みでお砂糖やはちみつを入れて甘みをプラスします。

4月20日
あめ

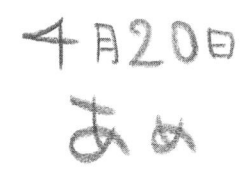

夫の仕事を思う

ライダーの加藤大治郎選手が26歳の若さで亡くなりました。今月はじめにあった開幕戦で、転倒し、今日までなんとか治療を続けてきたのもむなしく、逝ってしまった。彼が10代の頃に一度だけ電話で話す機会があり、そのときには実際にお会いすることはできませんでしたけれど、まっすぐに夢に向かって走っていることが伝わってきました。

カテゴリーこそ違いますけれど、夫もレーシングドライバーとして走っていることを思うと身体《からだ》が震えます。結婚したときから心の隅でいろんな覚悟を決めてきたつもりですが、死を目《ま》の当たりにすると、その覚悟が一瞬ゆらいで、悪いことばかりを考えてしまうのです。

昨晩ささいなことからけんかになってしまったので、夫が帰ってきたら、すぐにあやまろうと思います。夕飯は好物のポークソテーを準備しました。

ローズマリー風味のポークソテー

●材料　2人分

とんかつ用豚肩ロース肉　2枚
塩、こしょう、片栗粉　各適量
にんにく　ひとかけ
オリーブオイル　大さじ2
フレッシュローズマリー　小ぶりのもの1本
マスタードまたはからし、レモン　各適量

●作り方

1　豚肉は肉と脂身のあいだの筋を切って、肉たたきなどでたたいて、薄くのばします。

2　塩、こしょうをして、片栗粉を両面に軽くつけます。にんにくはつぶしておきます。

3　フライパンにオリーブオイルとにんにくを入れて、火にかけ、中弱火でにんにくをこんがりと焼きつけ、香りが立ってきたら、にんにくを取り出し、肉を入れて、両面をこんがりと色よく焼きます。

4　焼き上がりにローズマリーを入れて、香りをつけて、出来上がり。マスタードとレモンを添えて盛りつけます。

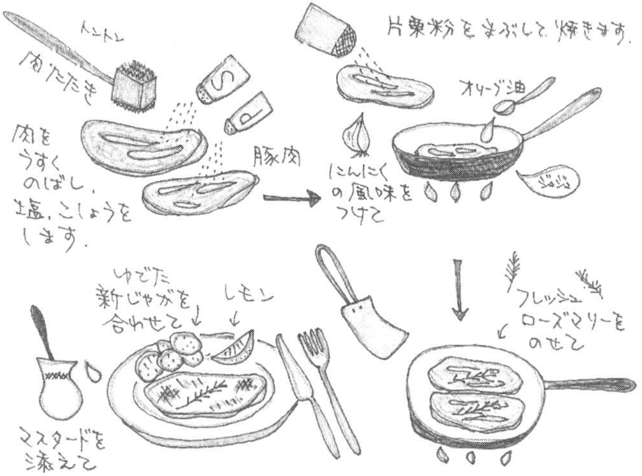

4月25日 くもり

さぬきうどんツアー

よくお仕事をご一緒するスタイリストさんから、四国の高松へうどんツアーに行ってきた話をうかがいました。なんでも1泊2日の日程で10軒あまりのうどん屋さんをはしごし、おまけに帰りの空港でもうどんを食べたというのです。旅の最初は勢いづいて、一軒めであたたかいのと、冷たいのと、なんてよくばって2杯、3杯と食べてしまったこと、お店ごとに微妙にうどんの味やコシが違って、おだしやつゆの味でも変化があったことなどなど。おいしかった話を散々聞かされ、ずっとグーグーとおなかの虫が鳴りっぱなし。

以前一度、私も四国へ行ったことがあります。

高松では朝からうどん屋さんに行列ができていたので、思わず私も並びましたし、徳島では大きなたらいに入った釜揚げうどんをいただきました。うどん屋さんの店先でツルツルとうどんを上手《じょうず》にすする猫も印象深かった。本当に喉ごしのよいうどんで、食べ方もだしをはったり、生《き》醤油《じょうゆ》をかけたり。何杯食べても飽きませんでした。ぜひ私も、うどん屋さんめぐりをしてみたいものです。

ちょっと話はそれますが、何日か前の新聞で、作家の島田雅彦さんがこんなことを書かれていました。「讃岐の打ちたてのうどんは噛めば、コシがあり、噛まなくとも、抵抗なく喉に滑り込んでくる。胃カメラもだしに浸したら、讃岐うどんのように飲み込める気もする」
　そうだそうだ。まずは私は胃カメラの前に丸薬をだしに浸したい。おはずかしい話ですが、いい年をしてどんなに小さくても丸薬が飲めない。がぶがぶと大量の水と一緒に飲んでもしっかりと舌の上に薬が残っている。私の場合はだしに浸すか、うどんに練り込むかどちらかです。

ぶっかけ讃岐うどん

●材料と作り方

丼に生たまごを割り入れ、刻みねぎとおろししょうが、天かすを入れ、ゆでたてのアツアツのうどんを入れます。多少ゆで汁が入ってもいいくらい。めんつゆ、またはしょうゆをさっとかけて、手早く混ぜてすすります。
うどんの熱でたまごと天かすがしっとりして、これまたうまい。朝ごはんにもおすすめです。

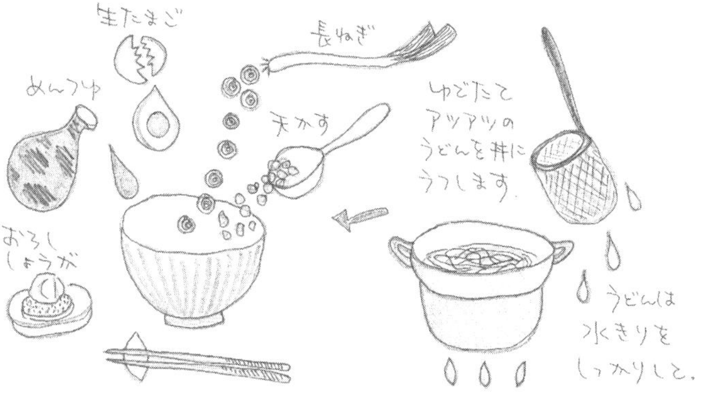

5月1日
はれ

テレビの日

今日は早朝から料理番組の撮影で、白金にあるスタジオに入りました。司会はキャスターの酒井ゆきえさん、ゲストに女優の小田茜さん、そして私がおふたりと一緒に料理を作って、試食をするという進行で、撮影がすすんでいきました。

おふたりともに、食べることが大好きとおっしゃっていただけあって、包丁で切る作業もささっとこなし、火元の作業もとてもスムーズにすすみました。ほとんど私は手を動かすことなく、ひたすら料理の説明をするだけ。

いつも思うことですが、料理は技じゃない。食べたい、作ってあげたいっていう気持ちが大切なんだって。仕事とはいえ、おふたりからその気持ちがあふれていて、私はなんだかとてもうれしくなってしまいました。料理を囲むと自然と通じ合えるものがある、そんな気がします。

酒井さんは口元が美しかった。話す言葉ひとつひとつがていねいで、何度もみとれてしまったほど。小田さんはもうお人形のようにかわいい。どの角度から見ても女優さん。そんなおふたりに囲まれて私はどんな顔で映っているのだろうか。複雑な心境です。

レシピは今日のテーマ、なす料理を記します。

なすの蒸しステーキ

●材料　2人分

なす　4本
豚バラ薄切り肉　4枚
めんつゆ　1/3カップ
長ねぎ　10センチ
にら　2本
みょうが　1個

●作り方

1　なすはへたは残したまま、ガクを切り取って、縦に縞模様になるよう皮をむきます。

2　なすに豚肉を全体にぐるぐると巻きつけて、ところどころに竹串を刺して火の通りをよくし、蒸気が上がった蒸し器に入れ、6～7分ほど蒸します。電子レンジの場合は耐熱皿に入れ、ラップをして7～8分加熱します。箸でなすをはさんでみて、ふんわりやわらかくなっていたら加熱終了。

3　長ねぎ、みょうがはみじん切りにし、にらは小口切りにしてめんつゆと合わせておきます。

4　蒸したてのアツアツのなすにめんつゆの薬味だれをかけていただきます。

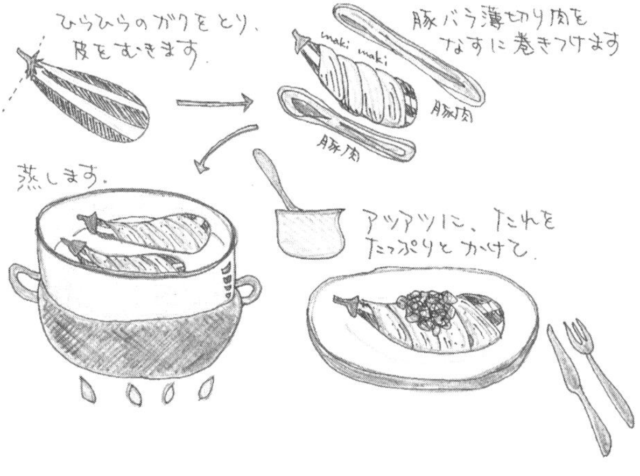

5月3日
はれ

39歳の誕生日

またひとつ年をとりました。毎年のことながら、夫はレース参戦のため地方におり、チャッピーとクロと3人で過ごす一日です。

午前中は『世田谷ライフ』という雑誌の取材を九品仏のお寺で受け、心地よい日ざしの中を散歩しながら撮影をしてきました。

世田谷区民ではないのですが、世田谷には大好きな散歩コースがあったり、よく行くごはん屋さんがあったり、雑貨屋さんがあったりするものですから、今回取材を受けることに。九品仏も好きな散歩コースのひとつで、買い物の途中でふらりと寄って、お寺の中を歩いたり、参道でお茶を飲んだり、お寺のとなりにあるお花屋さんに寄ったりします。緑を見上げると、スゥッといい呼吸ができる。肩の力も抜けて、短い時間でも気分転換になりました。

お夕飯はなすとみょうがのおみそ汁、白身魚のゆずこしょう焼き、たけのこと高菜漬けの炒めもの、ゆでたての枝豆とごはんを炊いて、ひとりごはん会。

自分だけのためにのんびりとそして大切にごはんを作る。一年に一度くらいこんな日があるのも幸せなのかもしれません。

白身魚のゆずこしょう焼き

●材料　2人分

白身魚　2切れ（今日はすずきの切り身でした）

自然塩　適量

ゆずこしょう　適量

つけ合わせとして

しし唐辛子、長ねぎ　適量

●作り方

1　切り身にまんべんなく塩をして10分くらいおき、水分が出た場合はキッチンペーパーで押さえて吸い取って、網焼きします。途中でしし唐と5センチの長さに切った長ねぎも一緒に焼きます。

2　両面をこんがりと焼いて、焼き上がりにゆずこしょうを塗って、もうひと焼きし、器に盛りつけ、しし唐と長ねぎを添えます。

たけのこと高菜の炒めもの

●材料　2人分

ゆでたけのこ　1個

高菜漬け　1/3カップ

塩、こしょう、ナンプラー　各少々

太白ごま油　大さじ1

●作り方

1　たけのこは一口大に切り、高菜はそのまま食べられるタイプのものは細かく刻み、塩気の強いものは塩抜きしてから刻みます。

2　フライパンを熱して油を入れ、たけのこ、高菜の順に入れて炒め合わせ、ナンプラー、塩、こしょうで味をととのえます。

ふだんは大皿に
どんと盛りつける
ことが多いので
たまに
ひとり分の
食卓を作ると
新鮮です
なすとみょうがの
おみそ汁には
かくし味に小さじ1~2
のヨーグルトを混ぜます。
おみその味がたって、さっぱり
した味わいに♡

5月5日
はれときどきくもり

夫の誕生日

本人不在のお誕生日会。チャッピーとクロと一緒にベランダにテーブルを出して、ケーキとお茶をいただきました。ケーキといってもかぼちゃをふかして焼いただけのシンプルなものですが、母から教わった大好きなレシピです。かぼちゃの素朴な甘みを楽しみました。

夫婦の誕生日がこんなにも近いと忘れることもなく、一緒にお祝いができるからいいなぁって思ったこともありましたが、夫の仕事が続く限りは、当分ふたりがそろってケーキを囲むことはないのでしょうね。毎年のことですから、もう慣れてもいいはずなのに、この日がくるとなんだかさびしい。世話焼きな性分か、こんなに大人になっても私は誕生日イベントが好きなのです。

そんなおセンチな気分を晴らすため、今日は一日かけて部屋の大掃除をすることにしました。冬から夏の服に衣替えをして、ソファやクッションのカバーを取り替え、部屋の飾りも夏らしいものに。いっきに夏を迎える準備をしました。

かぼちゃのケーキ

●材料　16×22センチの型で焼きました
かぼちゃ　500グラム
バター　80グラム
砂糖（かぼちゃの甘みで調整）　70グラムくらい
生クリーム（かぼちゃのかたさで調整）1/3～1/2カップ
つや出し用卵黄　１個分

●作り方

1　かぼちゃは皮をところどころむいてから乱切りにし、耐熱皿に入れてラップをして、７～８分レンジにかけて加熱します。

2　かぼちゃがやわらかくなったら、フォークなどでつぶして、砂糖、バター、生クリームを入れて混ぜ合わせます。スプーンですくってポタッと落ちるくらいのかたさが目安。水分の多いかぼちゃの場合は生クリームは控えめにします。

3　型に２を入れて、表面をなめらかにし、200度にあたためたオーブンで5分焼き、表面に水少々で溶いた卵黄を塗ってから、さらに15分ほど焼きます。

4　きつね色に焼けてきたら、出来上がり。冷ましてから冷蔵庫で冷やします。

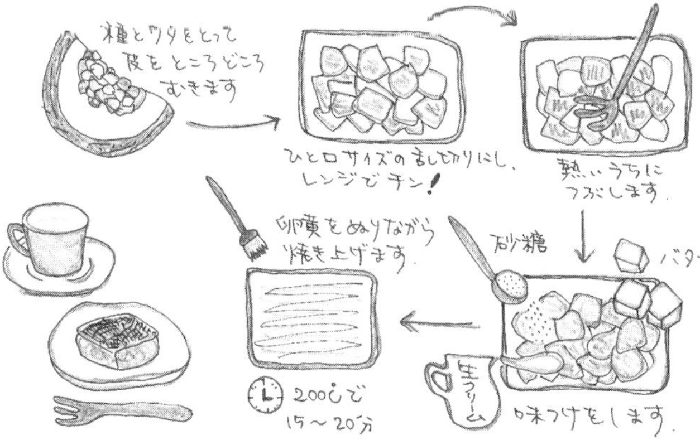

5月10日
はれ

新メンバー　とかげのペロ現る

ベランダの緑が一段と濃くなってきました。ハーブがそろって芽を出しましたし、冬のあいだ元気がなかったアイビーなどのつたの類《たぐい》が新芽を出して、どんどんと葉を伸ばしはじめました。そうなってくると、毎朝ベランダに出てその様子を見るのが楽しくてなりません。土の具合や虫に食われていないかなどなど。ひとつひとつの鉢に声をかけます。

で、そんな時間に見つけてしまいました。

一番陽の当たる土の上に小さなとかげを発見。前から少し不思議に思っていました。土に2センチほどの穴があいていて、何度埋めてもまた穴があくのです。とかげのねぐらの穴だったのですね。昼間は穴から出てひなたぼっこということなんでしょうか。つややかなボディをくねらせて、ときどき細長い舌をペロペロと出しながら、ずっと陽に当たっているようです。あんまり動くとクロに見つかって、いたずらされそう。それだけが心配ですが、私のガーデニングにあらたな楽しみが増えました。

ペロ、これからもよろしくね。

すっかり朝からごきげんとなり、焼きたてのパンを買いに出かけ、なすとパプリカのサンドイッチを作りました。

焼き野菜のサンドイッチ

●材料　2人分

フォカッチャ（パンはお好みのものを選んで）2個

なす　1本

パプリカ（赤、黄各1/4個）

オリーブオイル　大さじ3

塩、こしょう　適宜

オリーブ、アンチョビ、ケーパー　各少々

ハーブミックスサラダ（ルッコラやマーシュなどのハーブ野菜やレタスなど葉野菜）適宜

●作り方

1　なすは縦に4等分に切って、グリルパンや網で焼きます。パプリカは半分に切って、魚グリルに入れて皮が真っ黒に焦げるまで焼き、焦げた皮をむいてなすと同じような大きさに切りそろえます。

2　オリーブオイルと1の野菜を合わせて、塩、こしょうをして10分くらいマリネしておきます。

3　フォカッチャは野菜をはさめるように横から半分に切って、グリルパンまたはオーブントースターなどで焼き色をつけます。

4　パンにハーブミックスサラダをのせ、マリネしたなすとパプリカをのせ、アンチョビ、スライスしたオリーブ、ケーパーをのせてはさんでいただきます。

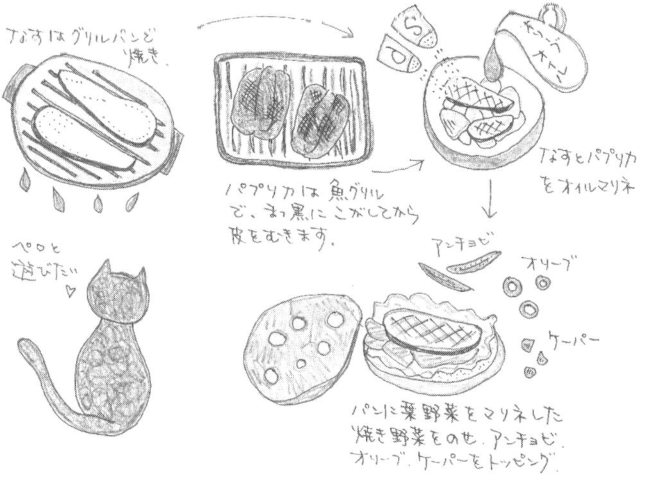

5月15日
あめのちくもり

素足にトゥリング

素足が気持ちいい季節になりました。私は足先が冷えると風邪をひくことが多いので、普段は靴下をかかさないのですが、今日はそんな私でも素足になりたいと思うくらいの陽気。靴下はバッグにしのばせて、思いきって素足になってサンダルで出かけました。

足の指には小さなダイヤが入ったトゥリングをふたつつけ、赤いペディキュアを塗って、足元も夏らしい装いに。指輪もマニキュアも大好きなのですが、仕事のときにはつけないようにしているものですから、素足にその分のおしゃれを楽しみます。

トゥリングは６～７年前にハワイで見つけたアクセサリーで、足のゆびにはめるリング。

このリングをしていることで、足先の手入れをかかさなくなりました。若いときにはカサカサなかかともかわいく思えましたけど、今はしっとりしているほうが自分も気持ちがいいのです。

素足で出かけた先は代官山のイタリアンレストラン。一緒にごはんを食べた編集者の女性が「今日は炭水化物日和《びより》」とわかるようなわからないようなことを言い、すっかりおなかをすかせた我々はパスタを３種堪能し、思いっきり炭水化物な身体になりました。

そら豆とアスパラガスのパスタ

●材料　2人分

そら豆(ゆがいて薄皮をむいたもの)

1カップ分くらい

アスパラガス　4本

にんにく　ひとかけ

アンチョビフィレ　3～4枚

塩、こしょう　各適量

オリーブオイル　大さじ3

スパゲティ　200グラム

●作り方

1　スパゲティを塩ゆでします。

2　にんにくはつぶして、アスパラガスは食べやすい長さに切ります。

3　フライパンにオリーブオイルとにんにくを入れて弱めの中火にかけ、にんにくをこんがりするまで炒めます。

4　にんにくが香ばしくなったら、アンチョビとアスパラガスを入れて炒め、アスパラガスがややしんなりしたらそら豆とゆでたてのスパゲティを加えて、さっと和えるように炒めて、塩、こしょうで味をととのえます。

そら豆とアスパラの鮮やかな
グリーンがパスタによく合います.

5月22日
はれのちくもり

山盛りの新にんにくをむく

新にんにくをスーパーなどで見かけるようになりました。この時期は四国の高知あたりからくるものだそうで、これからにんにくも北上して梅雨《つゆ》の頃には東北産のものが並ぶそうです。

今日は撮影用に山盛り３キロのにんにくが届きました。新にんにくは見た目も美しい。薄皮が真っ白でつややか。皮は乾燥していなくて、なんとなく湿った感じ。そのまま皮ごと食べられるようにも見えます。ずっと眺めていたいくらいですけれど、新にんにくはやはり水分が多い分、傷みも早いので、できるだけ早く処理します。５株ほどを残して、あとはひとつひとつていねいにむいて、しょうゆ漬けに。しょうゆ漬けは新にんにくでなくてもできますが、新にんにくのほうが早くしょうゆ色に漬かりますし、にんにくのエキスも濃いように感じます。残りの５株はお休みの前の日に素揚げして食べようと決めています。

にんにくしょうゆは我が家にはかかせない調味料。これがないとなんにもはじまらないくらい、どんな料理にも使ってしまいます。

ふつうのおしょうゆ感覚で。にんにく風味だからって使い分けはしません。肉じゃがの味つけにもから揚げの味つけにも登場します。にんにくの風味はもちろんですが、うまみのような深い味がプラスされるので、みりんや酒など合わせる調味料の数が少なくなったような気がします。

にんにくしょうゆの作り方

にんにくの皮をむいて根の部分を切り落として、煮沸した瓶に詰め、ひたひたくらいまでしょうゆを注ぎ入れて出来上がり。新にんにくなら次の日にはエキスが出ているのですぐに使えます。ふつうのにんにくなら1週間くらいおいてから使います。

しょうゆ

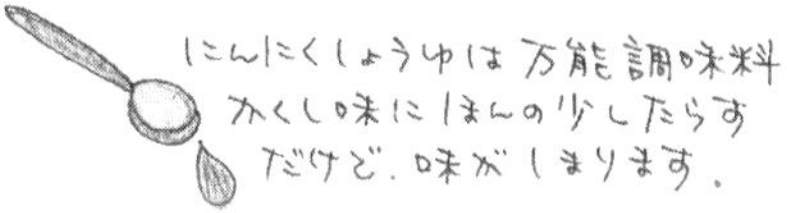
にんにくしょうゆは万能調味料
かくし味にほんの少したらすだけど、味がしまります。

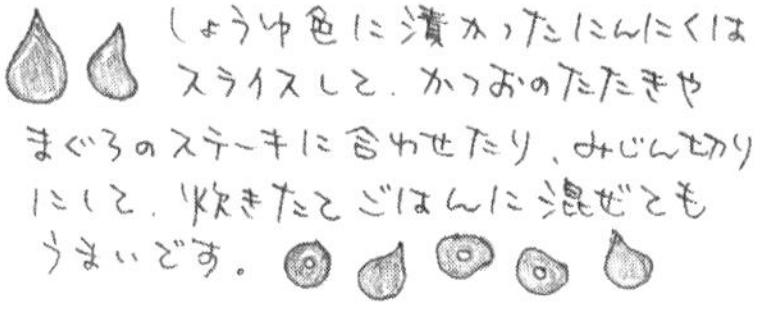
しょうゆ色に漬かったにんにくはスライスして、かつおのたたきやまぐろのステーキに合わせたり、みじん切りにして、炊きたてごはんに混ぜてもうまいです。

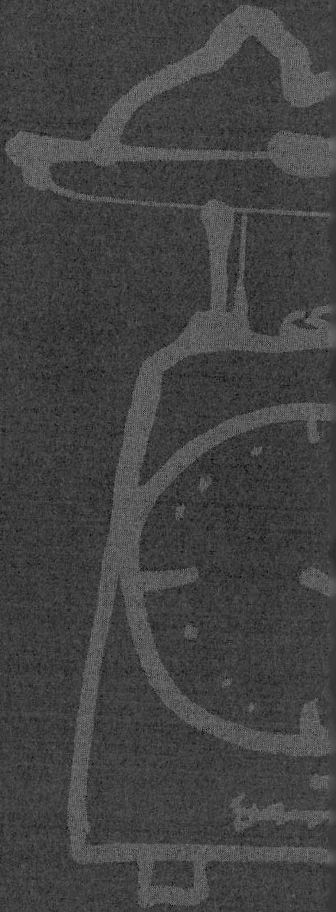

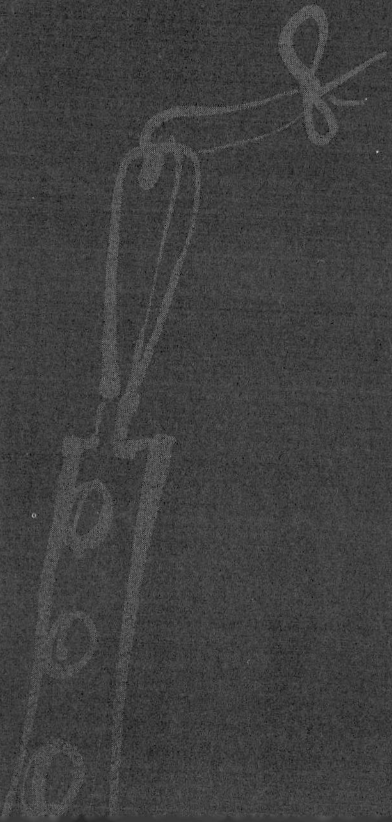

夏

6月3日
くもりのちはれ

初ものじゅんさい

今日は私たち夫婦の結婚記念日。16年目に突入です。相変わらず夫は不在。今頃ドイツのサーキットを命をかけて走っていると思います。彼の健闘を祈りつつ、ひとりお祝いの鍋をつつきました。

秋田から毎年とれたての生のじゅんさいを送っていただいています。昨日、今年初めてのじゅんさいが届き小鍋仕立てに。ぷるるんとした粘膜がたっぷりとついていて、瓶詰めでもとめるよりも芽が大きく食べごたえがあります。

初夏らしい初ものを味わいつつ、ひとりシャンパンで乾杯をしました。

じゅんさいは、鍋に入れるほかにおみそ汁にしたり、とろろと合わせて小鉢にしたり、洋風にコンソメスープに浮かべてみたりもします。

じゅんさい鍋

●材料　２人分

じゅんさい　１～２カップ
だし汁　２カップ半
豆腐　１丁
しょうがのすりおろし　少々
しょうゆ　少々
ポン酢　少々
酢じょうゆ　少々

●作り方

じゅんさいは生のものならさっと水を通して、ゆでてあるものはそのまま鍋に入れ、ひたひたくらいのだしと豆腐を入れて、火にかけます。フツフツとしてきたら火を弱めて、全体があたたまったら、しょうがのすりおろしとしょうゆでいただきます。好みでポン酢や酢じょうゆなどでもおいしいですし、だしに味つけをしてもいいと思います。

豆腐
だし
しょうゆ
おろししょうが

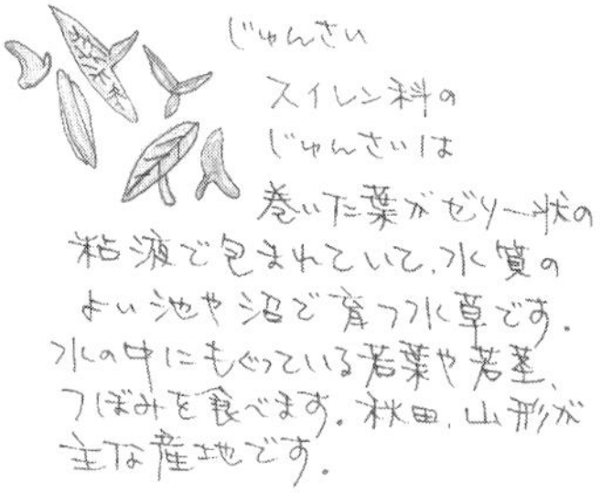
じゅんさい
スイレン科の
じゅんさいは
巻いた葉がゼリー状の
粘液で包まれていて、水質の
よい池や沼で育つ水草です。
水の中にもぐっている若葉や若茎、
つぼみを食べます。秋田、山形が
主な産地です。

6月8日
はれときどきくもり

てんぷらやさんになる

夫が帰国しました。へとへとだろうと思い、焼き魚とおみそ汁と和えものと、やさしい味の献立を考えていましたら、てんぷらが食べたいというリクエスト。しかもお友達を数人連れて帰宅するというので、急いでスーパーに走り、夏野菜を買い込んで戻りました。

てんぷらといえば、今はまっているのがゆり根。花びらみたいなゆり根をひとつひとつはずして、薄い衣をつけてさっと揚げて、塩でいただくのが大好きです。ホクホクッとしていて、上品な甘みとさっぱり感があります。ただその大好きなゆり根は秋の味覚、今日のてんぷらにはあきらめていたのですが、なぜかスーパーにはずらりと並んでおりました。

時期はずれにしてはとてもきれいでりっぱだったので、さっそく買い帰り、確認のために野菜事典を調べてみましたら、なんとゆり根は夏から秋口にかけてが旬だということがわかりました。秋冬野菜と思い込んでいたのです。今は季節に関係なく、一年中野菜があふれているものですから、混乱します。

夏のてんぷらは塩で食べるととてもさっぱりいただけます。抹茶塩やカレー塩などを用意したり、つゆも用意して、味が飽きないようにしてたっぷりの野菜をいただきます。

ゆり根はまん中に指を入れて
半分に割って、1枚1枚花びらを
はずし、水洗いして使います。

ゆり根のてんぷら

ゆり根天ぷら

花びらのようになっていて、その小さな花びらをひとつひとつていねいにむくよっにしてはずし、てんぷらの衣をつけて揚げます。

大根おろし
おろししょうが
山椒塩
抹茶塩
カレー塩
七味
天つゆ

おもてなしのときの天ぷらは
まずは揚げたてを召し上がって
もらい、好みの味で食べられるよう
塩やつゆ、薬味を用意します。

6月15日
あめ

楽しい夜ふかし

今日はかなり早い時間からの撮影。そんな日の前夜はだらだらと起きていないで、9時、10時にはおふとんに入り、3時、4時に起きるようにしています。夜疲れたまま、原稿を書いたり、次の日の準備をするよりも、朝のほうが頭がすっきりしていて、いろんなことが効率よくできるようになりました。朝、起きてから撮影がはじまる数時間のあいだにやらなくてはいけないことをやると、短時間にものすごく集中するのでしょう。ぐうたらな私にはとても合っているような気がします。

ただそうはいっても基本的には夜ふかししているほうがなんだか楽しい感じがしてしまう。夜の時間のほうが静かで自由な感じもしますし、大好きなお酒をいただく時間でもあるからでしょうか。それから夜中にマッサージに出かけるのも楽しみのひとつ。ドライブがてら恵比寿にある24時間営業のマッサージ屋さんによく行きます。ほんの30分くらいでもすいている道で車を走らせるととても気分転換になるようです。

夜ふかしのときにはよく鶏手羽でだしをとってフォーを作ります。手羽はそのまま麺にのせても、肉をほぐして、薬味と一緒に麺にのせてもいいですね。夜食の場合は薬味はあるもので準備しますが、おもてなしのときには少しだけ薬味の種類をそろえると、見た目も良く、好みでトッピングができるので麺一杯でも楽しい食卓になりますね。

フォー

●材料　2人分

鶏手羽中　6本
塩　小さじ1/2
ナンプラー　大さじ1～2
ミント、クレソン、香菜《シャンツァイ》、バジル、黄ニラ、もやし、サニーレタス、青唐辛子、すだち、豆板醤《トウバンジャン》　各適量
にんにく　ひとかけ
エシャロット　2株
サラダ油　適量
フォー麺　適量

●作り方

1　手羽中と水4カップを合わせて火にかけ、沸騰したら中弱火にして、20分くらい煮てアクを取りながらスープをとり、塩とナンプラーで味をととのえます。

2　にんにくとエシャロットは輪切りにし、油で炒め揚げるようにして揚げにんにくと揚げエシャロットを作っておきます。

3　ミント、クレソン、バジル、香菜、サニーレタスはやわらかな葉の部分をちぎっておき、黄ニラは2センチの長さに切り、もやしはひげ根を取り、冷水につけてシャキッとさせます。青唐辛子は小口切りにし、すだちは半分に切ります。

4　フォーをゆがきます。

5　器にゆでたてのフォーを入れ、熱いスープを注ぎ、手羽中をのせ、好みの薬味をたっぷりとのせていただきます。

6月19日
くもりのちはれ

京都へ一泊旅

京都高台寺の和久傳に出かけました。お料理はもちろんですが、お部屋のしつらえやもてなしなどなどすべてにおいてしっとりとしていて、京都らしい空気感と時間の流れを味わってきました。

以下はその日の献立。途中竹酒に酔って、抜けたお皿もあるかもしれませんが記しておきます。そう竹酒は竹筒に入った冷酒。女将《おかみ》によればどんなに飲んでも竹酒に限っては二日酔いにならないとのこと。ほんとかな。なんて言いながらお酒もたっぷりと堪能しました。

・すっぽんのゼリーとたまご豆腐の前菜
・鱧と夏松茸のお椀
・穴子と万願寺唐辛子と稚鮎の焼きもの
・ひらめのおつくり
・とろろとじゅんさいの小鉢
・ゆでそら豆とたこのたまご
・ごはん４種とお漬けもの
　穴子のお茶漬け、鱧のたまごとじ丼、
　牛丼、しそと梅干しのぞうすい

ごはんは４種の中から、好きなものを選ぶのですが、どれもおいしそうで選びきれなかったので、すべていただきました。

どのお料理もなかなか家庭でまねできるものではありませんでしたけれど、ひとつだけヒントを得て、うちでも作ってみたひと皿のレシピをメモします。

お刺身のおろしのせ

●材料と作り方

お刺身を器に盛りつけ、水気を軽くきった大根おろしをのせます。辛みのあるものよりも夏大根の甘みのあるもののほうが合うようです。ポン酢、おかか各少々、青ゆずのすったものをほんの少しかけて、混ぜながらいただきます。

青竹入り冷酒
おちょこも青竹です
和久傳

お造りは
片口の浅鉢に
入ってテーブルに。

6月22日
はれのちくもり

旅のあいまに梅味噌作り

毎年この時期にらっきょうやら、新しょうがや新にんにくの漬けもの、梅干し、梅味噌などなど一週間くらいかけてたくさんの保存食を作ります。今年は旅の予定がいろいろとあり、いっぺんに作ることがままならず、時間を見つけては2〜3キロのらっきょうをむき、1キロのしょうがを薄切りにし、と少しずつ材料を買ってはひと瓶、ひと瓶保存食を作っています。

今日は旅のあいまに梅味噌を作りました。頃合のいいほんの少し熟しはじめた梅が手に入ったのです。梅味噌はお魚やお肉を煮たり、野菜の炒めものの調味料としたり、生野菜のディップにしたり、我が家ではかかせない調味料のひとつです。ただ青梅とふだんおみそ汁に使っている味噌を合わせておくだけなのですが、味噌の塩気で梅のエキスがジワジワッと出てきて梅風味の味噌になります。梅は出始めのかたいもので作ると少し青梅独特の青くさい風味となり、完熟のもので作ると、甘みとまろやかな風味となり、加えて梅のエキスがよく出ます。どんな状態の梅で作るかはお好み。味噌の味によってはしょうゆや砂糖を加えて、より自分の好きな味に作っていきます。

梅味噌

●材料

青梅　500グラム

味噌　１～1.5キロ

砂糖、しょうゆ　各適量

●作り方

1　梅はよく洗ってへそのようなへたを竹串などでつついて取り、水気をしっかりとふき取ります。

2　蓋つきの容器に味噌を入れ、１の梅を味噌に埋め込んでいきます。

3　ふたをして１カ月冷蔵庫や冷暗所におきます。

4　梅を取り出し、種を取って果肉を味噌にもどして、ミキサーにかけてなめらかなペースト状になるまで攪拌します。ここで味をみて、好きな調味料を加えて味をととのえます。

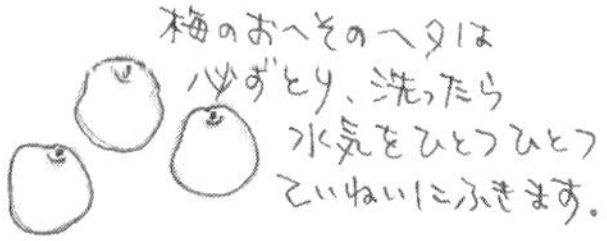
梅のおへそのヘタは
必ずとり、洗ったら
水気をひとつひとつ
ていねいにふきます。

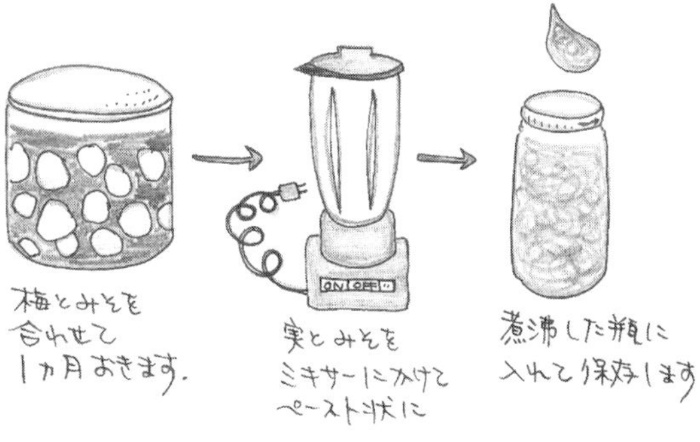
ON OFF
梅とみそを
合わせて
1カ月おきます。
実とみそを
ミキサーにかけて
ペースト状に
煮沸した瓶に
入れて保存します

6月23日
はれ

盛岡名物三大麵

雑誌の旅のページの取材で盛岡に入りました。盛岡といえばわんこそばに冷麵、ジャージャー麵の三大麵が有名です。着くなりさっそく麵めぐりをしたのですが、最初にたずねたわんこそばでもうおなかがはちきれんばかりに。

わんこそばは、何杯食べられるのかが一番のお楽しみ。取材なので、なんとなく雰囲気を味わっていこうと軽く考えておりましたら、甘かった。食べ出しますと、止まらないし、止めてもらえない。つるっ、づるっと喉に流し込んでいくうちにリズムが出てきてあっというまに50杯近いお椀が積まれ、今度はもう食べられないと思ってもお給仕のわんこ娘さんの神業《かみわざ》でお椀にそばが入ってしまって、なかなかごちそうさまにならない。そうこうしているうちに私は70杯を完食し、本当に涙が出るほどつらくなってなんとかゆるしてもらいました。ちなみにこの旅をご一緒した作家の谷村志穂さんは68杯完食。予定外のお椀の数にただただ驚くばかりでした。

我が家のジャージャー麺

●材料　２人分

豚ひき肉　150グラム
しょうが　ひとかけ
長ねぎ　５センチ
みそ　大さじ1～1.5
しょうゆ　少々
砂糖　小さじ１
ごま油　大さじ１
片栗粉　小さじ１
きゅうり　1/3本
スプラウト　少々
うどん　２玉
（うちでは冷凍さぬきうどんを使います）

●作り方

1　しょうがと長ねぎはみじん切りにし、きゅうりは千切り、スプラウトは根を落としておきます。

2　ごま油を熱してしょうが、ねぎの順に入れて炒めます。香りが出てきたらひき肉を入れて炒め合わせて、水大さじ１と調味料を入れて味をととのえます。片栗粉を倍量の水で溶いて、少しずつ加えてとろみをつけて仕上げます。

3　うどんはさっとゆがいて、冷水にとってよく冷ましながら洗って、水気をきり、器に盛りつけます。肉みそ、野菜を添えて、混ぜながらいただきます。

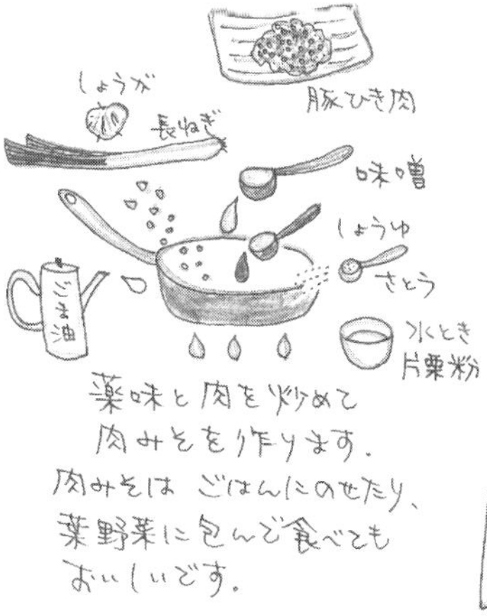

しょうが
長ねぎ
豚ひき肉
味噌
しょうゆ
さとう
ごま油
水とき
片栗粉
薬味と肉を炒めて
肉みそを作ります.
肉みそは ごはんにのせたり、
葉野菜に包んで食べても
おいしいです。

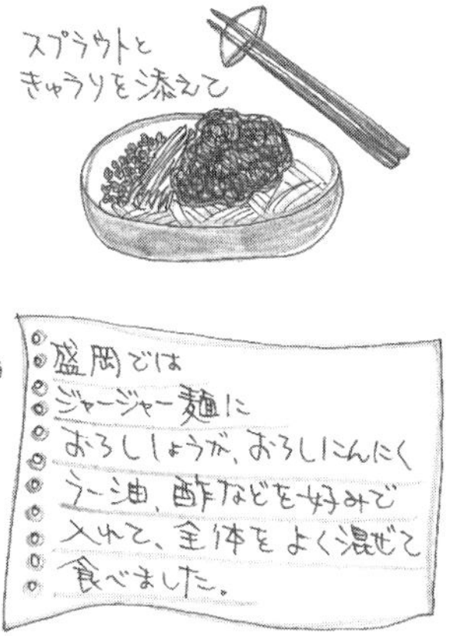

スプラウトと
きゅうりを添えて
盛岡では
ジャージャー麺に
おろししょうが、おろしにんにく
ラー油、酢などを好みで
入れて、全体をよく混ぜて
食べました。

7月1日
くもり

朝一番の家事

先月出かけた京都での旅では旅館でこんな話が持ち上がりました。「なんでこんなに気持ちのいいお風呂なんだろう」って。掃除が行き届いているのはもちろんなんですが、いつ入っても清い感じがするのです。

理由は蛇口にありました。いつも水滴ひとつついておらずピカピカなのです。お女将さんにうかがうと、人が出るたびに水滴を取ってみがくとのこと。

自慢するわけではありませんが、私も家で同じようなことを毎朝しています。といってもこちらは自己満足のためなんですけれど。朝、顔を洗ったり、歯をみがいたあと、洗面所を掃除します。顔をふいたタオルで鏡と蛇口をさっとふくだけ。朝の掃除完了です。朝から曇った鏡で自分の顔を見ると落ち込みます。毎日のことなので、そんなにゴシゴシ力を入れなくてもピカピカになります。

きれいな鏡のほうが少しはうつりもいいもんです。そして蛇口が光っていると本当に清々《すがすが》しい。お風呂まで、というとちょっとたいへんなので、私はまずは洗面所からスタートすることにしているのです。

顔をふくタオルで掃除というと抵抗があるとおっしゃるかたもいますが、洗剤や薬品を使っているわけではないので、うちではそうしているのです。

我が家の洗面所

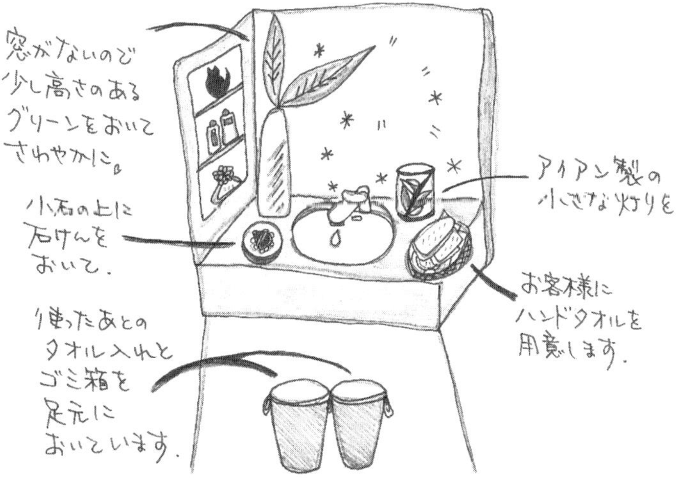
窓がないので
少し高さのある
グリーンをおいて
さわやかに。
アイアン製の
小さな灯りを
小石の上に
石けんを
おいて。
お客様に
ハンドタオルを
用意します。
使ったあとの
タオル入れと
ゴミ箱を
足元に
おいています。

7月6日
くもり

ファンクラブな一日

　松本に工房を構えていらっしゃる木工アーティストの三谷龍二さんをたずねました。個人的にもうたいへんな大ファンで、あれこれと理由をつけては三谷さんのところへおじゃまし、お仕事場を拝見したり、三谷さんが実際に使っている作品を見せていただいたり、ときには工房の裏にある葡萄棚《ぶどうだな》の下でお酒を飲んだり、なんとも贅沢な時間をご一緒させていただいております。

　木の器は目にもやさしく、美しい。そして使い勝手もすばらしく、手によくなじみ、そしてなにより料理がはえます。桜や楡《にれ》、くるみ、栗などの木目がナチュラルな肌のものと、それらに黒い漆を塗った真っ黒な肌のものがありますが、特に黒い器が気に入っています。これまではなんとなく黒い器をさけていました。冷たい感じがしたからです。でも器を削った掘りあとに黒がのるとそれはそれはやさしくほっこりした感じがしてしまう。不思議です。今ではお箸も黒、取り皿も、お椀も、大皿も黒。黒の器にはまっています。そういえば我が家の猫もクロだった。

　今日は三谷さんのおうちのキッチンをお借りし、簡単なおつまみを作って、三谷さんの器に盛りつけ、葡萄棚の下でおいしいワインを飲みました。

　幸せな一日であります。

信州牛のたたき

●材料　4～5人分

信州牛ももかたまり肉　500グラム
自然塩　小さじ1.5
こしょう　適量
万能ねぎ　1/2束
みょうが　2個
しその葉　2束
にんにく　ひとかけ
しょうゆ　大さじ3
赤ワイン　大さじ2
砂糖　小さじ1

●作り方

1　牛肉は塩、こしょうをまぶしつけて、もむようにして味をなじませ、常温に10分ほどおきます。

2　万能ねぎとみょうがは小口切り、しそは千切りにします。にんにくはすりおろします。

3　フライパンを熱して、オイルなしで牛肉を焼きます。表面全体に焼き色がついたら、取り出して、ホイルに包んで肉汁を落ち着かせるために10～15分ほどおきます。

4　同じフライパンににんにくのすりおろしとしょうゆ、赤ワイン、砂糖を入れてひと煮立ちさせておきます。

5　肉を薄切りにし、器に盛りつけ、4のたれをかけて、薬味をたっぷりとのせます。

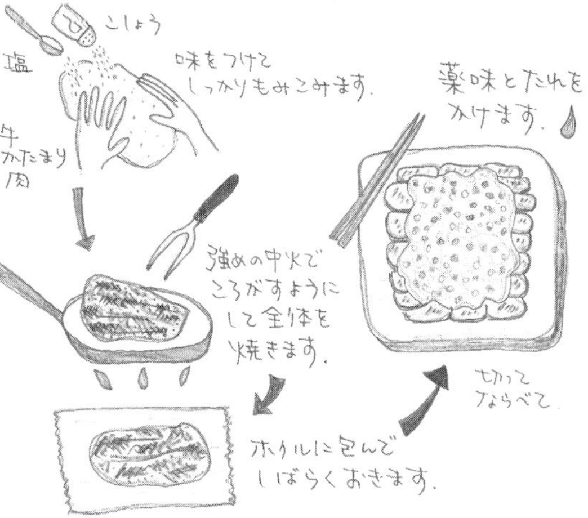

7月8日
くもり

腸炎でも作りたい

しばらく旅が続いたせいか、それとも夏休み前で仕事を詰めすぎたせいか、腸炎なるものにかかってしまいました。きっと旅先で食べすぎ、飲みすぎたせいでしょう。いつも元気だけがとりえなので、具合が悪いと結構あわてるタイプ。すぐに病院へかけ込みました。

こんなおなかの調子のよくないときには、胃や腸に負担のかからないやさしい食事をしたほうがいいと思いますが、夏風邪などのときにはぜひ作ってもらいたいスープがあるので書くことにします。夏バテにもおすすめです。

ちなみに私の今夜のごはんは梅がゆ。早く元気になって、おいしいごはんを作りたい。

そう思えるときはすぐによくなると信じています。

サムゲタン風　鶏スープ

●材料　4～5人分

鶏骨付きもも肉または手羽先などでも500グラム

しょうが　ふたかけ

にんにく　ふたかけ

カシューナッツ、ピーナッツなどナッツ類　大さじ3くらい

クコの実　大さじ2

押し麦（またはもち米、白米）ひとつかみ

長ねぎ　1本

塩　適量

ナンプラー　少々

●作り方

1　しょうがは千切りにし、にんにくは半分に切ってからつぶします。長ねぎは斜め薄切りにします。

2　鍋に鶏肉、しょうが、にんにく、ナッツ、クコの実、押し麦を入れて、6カップの水を加えて、強火にかけます。

3　ふいてきたら、弱火にしてアクを取りながら1時間ほど煮ます。

4　塩とナンプラーで味つけし、長ねぎを加えてひと煮立ちしたら出来上がり。

5　スープのままでも、汁かけごはんや麺と合わせてもおいしいです。

7月12日
くもり

野菜づくしの食卓

　おなかも元気になりました。ただまだ本調子でないのはビールを飲みたいって思わないこと。夏らしい暑さにならないせいもあるかもしれませんが、ビールを飲まない日が続いています。そう無理に飲むこともないのですけれど、なんとなく気分的にさびしい感じがしてしまうのはなんでだろう。
　梅雨も中途半端なせいか、いつも大輪の花で楽しませてくれるあじさいが今年は咲かずに終わりそうです。今年の夏はこのまま終わってしまうんだろうか。チャッピーもクロも外を眺めてはため息をついています。
　今日は久しぶりに夫が帰ってくるので、パプリカをグリルで皮がこげるまで焼き、こげた皮をむいておかかとポン酢をからめて作るパプリカのおかか和え、ズッキーニの洋風おひたし、冬瓜とにがうりのスープなど、お野菜たっぷりの献立で食卓を囲みたいと思います。

ズッキーニの洋風おひたし

●材料　2人分

ズッキーニ　2本

塩、しょうゆ、レモン汁、オリーブオイル、パルメジャンチーズ　各適量

●作り方

1　ズッキーニを食べやすい大きさに切って、さっとゆがきます。

2　水気をきって、熱いうちに塩とレモン汁、オリーブオイルで軽く味つけし、食べる前にほんの少ししょうゆをたらして、チーズを削ったものをのせます。

冬瓜とにがうりのスープ

●材料　2人分

ベーコン（スライス）2枚

冬瓜　1/8個

にがうり　1/2本

あれば香菜《シャンツアイ》や万能ねぎ　少々

自然塩、ナンプラー、黒こしょう　各適量

●作り方

1　冬瓜はわたと種を取って、皮をむいて一口サイズに切ります。にがうりもわたと種を取って、薄切りにし、塩少々を合わせて軽くもんでおきます。ベーコンは細切りにします。

2　鍋にベーコンを入れて、オイルなしで炒めます。ベーコンがチリチリッとしてきたら、一度火を止めて、水3カップと冬瓜を入れて、再び火にかけて煮ます。

3　沸騰してきたら中弱火にして15分ほど煮て、冬瓜がやわらかくなったら、塩のついたままにがうりを入れてひと煮し、味をみて塩やナンプラーでスープの味をととのえます。

4　器に盛りつけ、粗びきの黒こしょうを振り香菜を添えます。

7月20日
あめのちくもり

ひとりさびしくおいも掘り

毎年ベランダでじゃがいもやさつまいもを作っています。小さな小さな家庭菜園。

なんて聞こえはいいのですけれど、本当のことをいうと、毎年何度か買ってきたじゃがいもやさつまいもをそのまま放置して芽を出してしまうことがあります。そのたびにベランダの鉢に放り込んでおくのです。そうすると、おいもってすごいですね。どんどん芽が出て、きれいな緑の葉が茂って、花が咲いて、姿でも楽しませてくれて、葉や茎がしおれてきたら、おいも掘りの時期。せまいスペースですが、今年はにぎりこぶしくらいのじゃがいもが４～５個くらいと、あとは２センチくらいの豆じゃがいもが10個くらいとれました。

手軽なおいも掘りなので、姪たちが喜ぶだろうと誘ったのですが、あっさり断られました。学校や幼稚園で、もっともっとゴロゴロとじゃがいもがとれるおいも掘りの会があるそうです。「ふ～ん、あんなに狭いところじゃつまんない」とのこと。子供は正直であります。

大人になるとこんなことでも楽しいんだぞ。

クロとチャッピーはそんな私をどう見ていたんでしょ。

じゃがいもとソーセージ、にんにくのグリル

●材料　2人分

じゃがいも　2個
にんにく　ふたかけ
ソーセージ　4本
プチトマト　6個
塩、こしょう、オリーブオイル　各適量
レモン、マスタード　各適量

●作り方

1　じゃがいもは皮つきのままよく洗って、大きいものは半分に切ります。にんにくも皮つきのまま、半分に切ります。

2　オーブンを200度にあたためておきます。

3　耐熱皿にオリーブオイルを塗って、じゃがいも、にんにくを入れ、塩、こしょうを振って、オーブンに入れて15分焼きます。

4　ソーセージとプチトマトを入れてさらに10〜15分焼いて出来上がり。好みでレモンをしぼったり、マスタードをつけていただきます。

焼いたにんにくは
ホクホクしておいしい。
じゃがいもや
ソーセージと
合わせて
食べて
みて
ください。
マスタードを
たっぷりと
ぬって
いただきます。

7月23日
くもりのちあめ

小さな瓶で果実酒を作ろう

我が家はふたり暮らしですし、まだ子供がおりませんので、果物を買ったりすると案外残ってしまうことがあります。特にベリー類やデザートの飾りに使ったすぐり。あとはかぼすやすだちなどの柑橘類。たくさんいただいたときには使いきれずにしぼませてしまう。

そんなときは小さな瓶にそれらを入れてアルコール度の高いお酒を注ぎ入れて果実酒を作ります。甘みは好みで氷砂糖を入れたり、黒砂糖を入れることもあります。今年はすでにウォッカとすぐりを合わせたひと瓶と、すだちと泡盛、氷砂糖の組み合わせがふた瓶できました。

お客様のときに食前酒として出すと喜ばれます。果実酒は大量に作るとまた飲みきれなかったり、置き場所に困ったりするので、かわいく作るのがポイントかな。果実の入ったちっちゃな酒瓶が並んだ姿は愛らしいものです。

かぼす酒

かぼすの皮をよく洗って6等分くらいのくし型に切り、泡盛と氷砂糖を合わせて一ヵ月おき、かぼすの皮の緑色がぼやけてきたら、かぼすをしぼって、一度ざるでこして瓶に詰めます。

すぐり酒

すぐりとウォッカを合わせて2、3カ月後から飲み頃。好みで氷砂糖を加えて甘味をつけます。

アップルブランデー

りんごの皮と芯をのぞいて適当な大きさに切り、ブランデーと合わせるだけ。3カ月もするとりんごの甘味がじんわりブランデーに溶け込んでおいしくなります。

すぐり酒
ウォッカと
合わせて
アップルブランデー
りんごの実と
ブランデーを合わせて
カボス酒
実を漬けた
あと、しぼって
こしてみました。
泡盛の古酒
久米島の
久米仙で
カボス酒を
アルコール分 35度

7月26日
くもり

隅田川の花火大会

毎年隅田川の花火大会を楽しみにしています。南千住の高層マンションに住む友人宅のベランダからとてもよく見えるので、年に一度その日は彼女のご招待。しかも彼女のだんな様はイタリア人でレストランシェフというのですから、みんなごちそうも期待しつつ、おなかをすかせてうかがいます。

花火は多少風がありましたが、第一会場、第二会場ともによく見えて、風にのってポンポン、ボンボンという花火のはじける音も聞こえ、盛り上がりました。これでもう少し暑さがあったらもっともっとサイコーなのに。そう、今年はベランダでふるえながらの花火大会となりました。

友人のだんな様の献立はかぼちゃのニョッキのセージソースと、手作りソーセージとローズマリー、トマトのパスタ。野菜のバルサミコ炒め、レタスとルッコラのサラダ。花火そっちのけで、ずっとキッチンにこもって作ってくださいました。ボーノ。ごちそうさま。

野菜炒めにバルサミコを入れると酸味がきいておいしい。彼はほんの少しおしょうゆも入れていたみたい。バルサミコとおしょうゆの組み合わせが新鮮でした。

花火大会のごちそう

葉っぱのサラダ
なす、玉ねぎ
ピーマン、人参
きのこのソテー
バルサミコ風味
かぼちゃのニョッキ
セージ風味
ソーセージと
ローズマリー
トマトのパスタ
ベーコンでも
おいしそう♡

8月1日
くもりときどきあめ

夏休み初日にすること

今日から1カ月私の夏休みがはじまります。子供じゃあるまいし、1カ月も仕事を休むなんてと言われることもありますけれど、ここで休んでおかないと年末まで身体がもたないのです。とはいっても撮影のお仕事だけをお休みして、打ち合わせや原稿書きなどなどのデスクワークは続きます。旅に出ることもなく、ただじっとうちにいて身体を休める時間なのです。

さてお休みの初日に必ずすること。マニキュア塗りと、髪型をかえること。いつもは手の爪には何も塗らずに、爪も短く切っていますので、お休み中だけおしゃれします。そして髪も今年はクリンクリンにパーマをかけてみました。なんだか高校生気分です。

夕飯は牛ステーキを焼きました。

今年のつめは
シャネルの NO. 111
BOA

わさびステーキ

●材料　２人分

牛ステーキ肉　２枚
塩、こしょう　各適量
生わさび　1/3本
太白ごま油またはサラダ油　大さじ１
しょうゆ　小さじ１
クレソン　適量

●作り方

1　ステーキ肉は、塩、こしょうをして常温にしばらくおいて脂をやわらかくします。

2　わさびはすりおろし、しょうゆとサラダ油を合わせておきます。

3　熱したフライパンに肉を入れて表面に焼き色がついたら返して、さっと全体を焼きつけて、一口サイズに切り分けます。オイルなしで焼きましたが、鉄の場合は少量のオイルをなじませてから焼いてください。

4　クレソンと一緒に盛りつけ、２のわさびソースをかけます。

8月5日
あめのちくもり

夏休みのテーマは「着物」

このお休みにはひとつテーマを決めようと思います。できるだけ毎日着物を着ること。ゆかたでもいいし、お出かけのときには絽やうすものを着ようと。着物を着ると自然と身体がしゃんとします。お休み中のぐうたら防止といってもいいかもしれませんし、毎日着ることで着付けのおけいこにもなるので、がんばってみようと思います。

そして案外着物を着ていると喜ばれますし、とても親切にしてもらえるような気がします。

今日はゆかたでスーパーへ買い物。なんだかウキウキ、新鮮でした。

夕飯は友人がごはんを食べにくるというので、つまみに白身の刺身とじゅんさいの入ったとろろを作り、メインは豆乳でしゃぶしゃぶをしました。夏にあったかな鍋を囲むのもなかなかいいもんです。少し汗をかきますけれど、そのあとびっくりするほど身体がさっぱりするんです。

刺身とじゅんさい入りとろろ

●材料　4人分

長いもまたは大和いも　300グラム
だし　1/2〜1カップ（長いもの水分によって調整してください）
塩　適量
薄口しょうゆ　小さじ1
白身刺身　1人分くらい
じゅんさい　1カップくらい

●作り方

1　白身の刺身は塩少々を振ってしばらくおき、じゅんさいは生のものなら一度さっとゆがいて、瓶詰めならそのまま水気をきって使います。

2　長いもは皮をむいてすりおろし、だしと合わせてなめらかになるまでのばしたら、塩小さじ1/4と薄口しょうゆで味をととのえ、冷やしておきます。

3　刺身は水気をキッチンペーパーなどで取って、細切りにし、じゅんさいと一緒に器に盛りつけ、冷たいとろろを合わせます。

●メモ

長いもをすりおろすときには皮をすべてむいてしまうとつかみにくくなり、手もかゆくなることがあるので、手で持つ部分は皮を残しておくとやりやすいです。

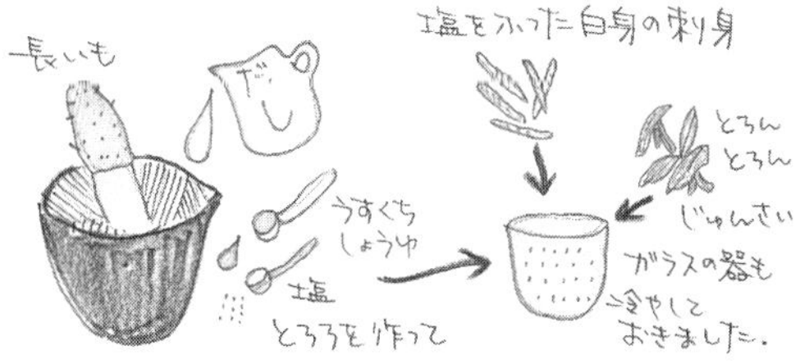

豆乳しゃぶしゃぶ

8月8日
くもりのちあめ

つまりにつまった原稿書き

文章を書いたり、レシピを書いたりするのが本当に遅い。原稿用紙一枚だって、ぐずぐずしていて、全然文字がうまっていかない。はじめてお料理の本を作ったとき、ほんの少し自分で原稿を書いてみることになり、でもいざワープロの前にすわってもひと文字も打つことなく一週間がすぎていたなんてことがあったくらい。ずっとずっとそのことばかりを考えているのに書けなくて、情けなくて涙が出たことを覚えています。

今もまったくかわらずなんですが、へたでもなんでも自分の言葉で伝えたいという気持ちで書くようになりました。読者のかたとおしゃべりするように。でもそのおしゃべりもまた難しいものなんですよね。

そんなこんなで、秋に出す予定の本の原稿がまったくすすんでいない状態です。夏休みの宿題みたいにいっきにやってしまえば楽なんでしょうけれど、大人になってもなかなかうまくいかないものです。

今日は朝ごはんなし。お昼にしっかりおかずを作って、炊きたてのごはんと一緒に食べました。

いわしとなす、トマトの炒めもの

●材料　2人分

いわし　2尾

なす　2本

トマト　1個

オリーブ　5個

ケーパー　小さじ2

にんにく　ひとかけ

オリーブオイル　大さじ4

小麦粉　少々

塩、こしょう　各適量

●作り方

1　いわしは三枚におろすか、手開きにして、一口大に切り、軽く塩、こしょうをして小麦粉をまぶします。

2　にんにくはつぶして、なすとトマトは乱切りにします。

3　オリーブは薄切りに、ケーパーは軽くたたきます。

4　フライパンに半分のオリーブオイルとにんにくを入れて中弱火にかけて、にんにくが香ばしくなるまで炒めます。

5　にんにくを取り出し、まずいわしを入れて焼きつけ、両面にいい焼き色がついたら取り出します。

6　オリーブオイルをたしてなすを炒め、なすがしんなりしたら、3といわしとトマトを入れて軽く炒め合わせて、塩、こしょうで味をととのえます。今日は人に会わないので、にんにくも戻して一緒に炒めて食べてしまいました。

いわしがやわらかいので、炒め合わせると多少くずれますが、それもまた野菜にからんでおいしい。

8月10日
あめ

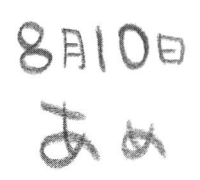

嵐の日にたこが届く

朝から激しい風と大粒の雨。台風上陸です。

ベランダの鉢植えをそうそうに風の当たらないところへ移動しました。

うちにいてもこわいくらいの雨音で、なんだか、落ち着かないものですね。

こんな日にも宅配便は届きます。今日はおいしいものがやってきました。九州の知人からゆでたこ２はい。さっそく切って、ゆずこしょうをつけて、冷やしておいた白ワインと一緒にいただきました。

昼から飲んで今日は一日寝ていよう。

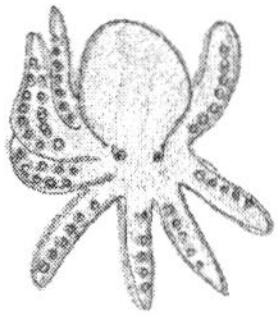

ゆでたこのお刺身

●材料と作り方

たこは好みの厚さに切り、わさびやからし、ゆずこしょう、七味などをつけて食べます。たこ自体に塩気がありますが、好みでしょうゆをつけたり、塩を振ったり。オリーブオイルやラー油を合わせてマリネ風にして食べてもおいしいです。

揚げだこ

●材料と作り方

1　たこの足を一口サイズの乱切りにし、にんにくしょうゆに10分くらい漬けます。

2　キッチンペーパーで軽く汁気を取って、片栗粉をつけて170度の油で揚げます。

3　レモンをしぼっていただきます。

●メモ

にんにくしょうゆがないときはおろしにんにくとしょうゆを合わせたところにたこを漬け込んでください。片栗粉に青海苔を混ぜて海苔風味の衣をつけてもおいしいです。

たこめし

●材料　4人分

たこの足　大きなものなら3本くらい
米　3合
酒、薄口しょうゆ、みりん　各大さじ2

●作り方

1　たこを1センチ角くらいの大きさに切ります。

2　米はふつうに研いで、普段通りの水加減でセットします。

3　調味料を合わせてひと混ぜし、切ったたこをのせて炊きます。

4　ごはんを十分蒸らして、軽く混ぜ合わせます。

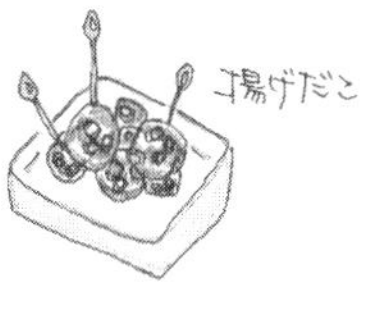

8月12日
あめときどきくもり

勝手にドライトマト

しばらく食材の買い物もお休み。冷蔵庫にあるものでごはんを作っています。冷凍庫にはなにやらへんなものが入っていました。ラップに包まれたチャーシュー2枚とか、ほたての貝柱1個とか。旅前の冷蔵庫整理のときに食べきれなかったり、処分にはもったいないと思ったものがちょこちょこと冷凍庫へ放り込まれているのです。

野菜室にはしおれたプチトマトが1パック。明日食べよう、明日食べようと思っていて、あっというまに5日くらいたっていました。もう腐ってしまったかなと、みてみると、皮がしおれているだけで腐ってはいないみたい。一つ食べてみると皮はかたいけど、なんだか甘い。もしかして、これはミディアムなドライトマトだあ。さっそく水をまったく入れずにトマトだけを鍋に入れて、しっかり蓋をして蒸し煮にし、ソーセージを細かく切ったものを合わせて、パスタのソースにしてみました。うまぁい、うまぁい。夫も絶賛。こんなこともあります。

でもこれはたまたま勝手にできていたドライトマトであって、いつものとっておきたがりではうまくいかないのかもしれません。

プチトマトとソーセージのパスタ

●材料　2人分

プチトマト　1パック
ソーセージ　2本
にんにく　ひとかけ
オリーブオイル　大さじ3
塩　適量
スパゲティ　200グラム

●作り方

1　にんにくはつぶして、プチトマトはへたを取り、ソーセージは小口から薄切りにします。

2　蓋のある鍋ににんにくとオリーブオイルを入れて中弱火にかけて、にんにくを香ばしく炒め、プチトマトとソーセージを入れて、蓋をしっかりとしめて10分ほど蒸し煮にします。ときどき蓋をあけて混ぜて。

3　塩を加えた湯で、スパゲティをゆでます。

4　2のトマトがやわらかくくずれて、汁気が出てきたら、ゆでたてのスパゲティを合わせて、塩で味をととのえます。

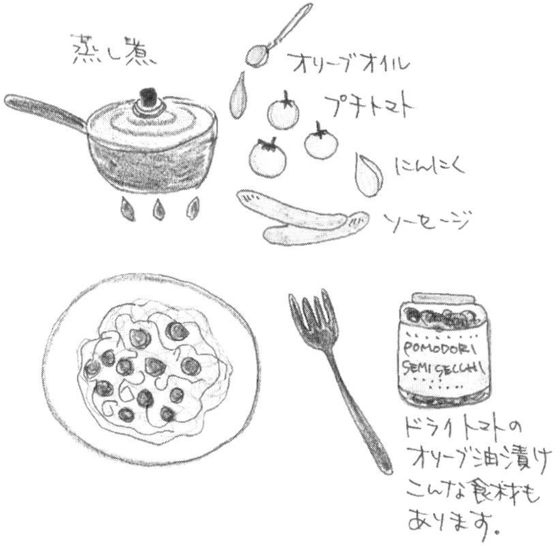

8月18日
あめのちくもり

つみたてのモロヘイヤの味

　夫のお休みがとれたので、久しぶりにふたりで長野の実家へ。チャッピーもクロも一緒に車に乗って帰りました。
　東京が涼しいだけあって、長野は寒いくらい。朝晩がとても冷えます。寒がりの私はフリースを着たいくらいでした。昼間は動けば汗ばむけれど、今年は本当に夏らしさがないまま、過ぎてしまいそうです。

　まず実家に帰ったらするのは畑の草むしり。野菜の収穫も楽しいのですが、草むしりの時間は本当に無心になれるから好き。それからなすやトマトをとったり、プチトマトやブルーベリーをとっては口に放り込んで。都会で暮らす者にとってはこんな贅沢はありません。
　東京でもおいしい野菜は手に入りますけれど、実家の畑で作っているものの中で、これはもうほかでは食べられないっていうものがふたつあります。それはモロヘイヤとモロッコいんげん。味はもちろんですが、歯ごたえとか、やわらかさとか、口に入れた瞬間の味わいが違うのです。とれたてというのもあるのでしょうが、いつもいつも感心してしまう味なのです。

モロヘイヤ
やわらかな新芽をつんで
さっとゆがいておしょうゆを
かけていただきます。
あったかいおひたしが一番好き♡

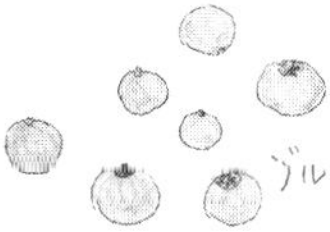

ブルーベリ

プチトマト

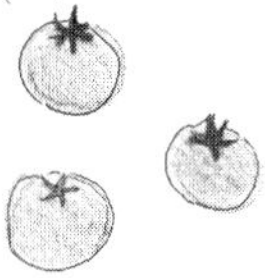

モロッコいんげん

肉厚のいんげんは
もっぱら天ぷらに。
塩をつけて食べます。
おみそ汁もおすすめ
です。

8月21日
くもり

桃づくし

　本当に夏らしいジリジリと肌に焼きつくような暑さがやってきません。もうお休みも終わりに近づいているというのに、このまま涼しくなってしまったら、本当にさびしいものです。
　暑さはこたえますけれど、夏の楽しみっていうものもあると思うのです。どうやったら気持ちよく、涼をとれるか。東京のマンション暮らしですから、限られてしまうのですが、朝夕鉢植えに水をやりながら、玄関先やベランダに打ち水をする。風鈴を窓辺につるしたり、玄関にはうちわを用意する。ガラスの器に葉っぱを浮かべたり、小石を並べたり。冷蔵庫には水出しの冷茶、アイスマスカットティーを用意する。おしぼりを凍らせておく。さもないことですけれど、そんな用意をするうちに夏を楽しんでいるように思うのです。

さて本日は本や雑誌の仕事でよくご一緒するスタイリストの伊藤まさこさんのおうちへお出かけ。お昼ごはんをごちそうになりました。

メニューは以下の通り。食前酒の桃ワインは夏の午後にぴったりでしたし、まさこさんが桃のような甘い、かわいい人なので、なるほどなとひとり納得しながら、たっぷりと飲んで食べてしまいました。夏休みらしい涼しい時間をありがとう。

私の桃レシピもここで一緒に記します。涼しい夏でしたが、買った桃はどれもあたり。桃をたくさん食べたお休みでした。

まさこさんのおうちでいただいたごはん

・桃ワイン
・ヤングコーンときゅうりの中華風和えもの
・万能ねぎと香菜、蒸しささみ、ザーサイのサラダ
・えびと豆腐の蒸しもの　しょうがあんかけ
・ゆで豚
・にゅうめん
　ねぎと香菜のサラダをにゅうめんにのせて。おかわりしました。

桃の冷たいパスタ

●材料　2人分

桃　1個
トマト　1個
オリーブオイル　適量
にんにく　ひとかけ
塩、こしょう　各適量
ミント　少々
細めのスパゲティ　160グラム

●作り方

1　トマトは皮を湯むきして、種を取って細かく刻みます。にんにくは半分に切って、切り口をボウルの内側にこすりつけて、そのボウルにトマトを入れ、オリーブオイル大さじ２と塩、こしょうで味をととのえます。

2　桃は皮をむいて種をのぞいて薄切りにし、刻んだミントとオリーブオイル少々、塩、こしょうを合わせて軽く味をつけます。

3　塩を加えた湯でスパゲティをしっかりとゆでます。冷たく冷やすので、指定の時間よりやや長めにゆでてください。

4　スパゲティを冷水にとって冷たく冷やし、水気をしっかりきって、トマトのソースと和えます。器に盛りつけ、桃のマリネをのせて、混ぜながらいただきます。

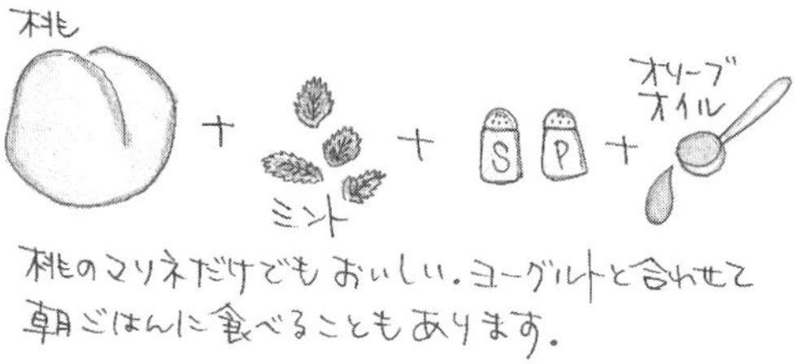
桃
ミント
S
P
オリーブオイル
桃のマリネだけでもおいしい。ヨーグルトと合わせて
朝ごはんに食べることもあります。

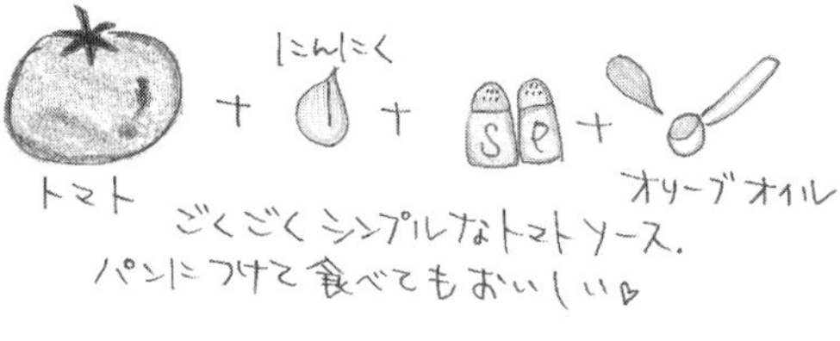
にんにく
S
P
トマト
オリーブオイル
ごくごくシンプルなトマトソース。
パンにつけて食べてもおいしい♡

まさこさんちでごちそうになった桃ワイン

●材料

桃　２〜３個
白ワイン　１本
はちみつ　適量

●作り方

1　桃は皮をむいて適当な大きさに切り、実も種も一緒にボウルに入れます。

2　はちみつと白ワインを加えてひと晩冷蔵庫で冷やしながら、桃のエキスを白ワインにうつします。桃が甘い場合ははちみつを控えめに。

秋

9月1日
くもり

長野でお料理教室

高校生活を過ごした長野で一昨年からお料理教室をしています。両親が今も長野で暮らしていることや、同級生の協力もあって、第二のふるさとでも何か活動できたらと思い、続けてきました。

今回は5日間の日程で、その間実家に居候。朝から夕方まで教室にかかり、帰りにスーパーに寄っては次の日の買い出しをして実家に戻る生活。短い期間ですが、長野の住人の気分で、スーパーや酒屋さん、とれたて野菜の販売所に毎日寄り、食材のチェックを楽しみます。

長野はもう秋の気配がしました。朝、洗面所で支度をしていると窓からサラサラッとしたいい風が入ってくる。裏庭のすすきがすっかり背を伸ばして、穂がふくらみはじめている。まだまだ夏の暑さがありますが、静かに秋がせまってきているんだなと感じました。

今回長野の滞在中毎日食べていたのがきゅうりのカリカリ漬け。漬けものというか、ちょっとした煮もののような作り方なんですが、歯ごたえがあって、しょうゆ味のなかにほんのり甘みがあって、お茶うけとしていつもテーブルにありました。カリカリボリボリという音がまたいいのです。母が農家のかたから習いました。農作業のあいまに飲むお茶の時間には必ずこのきゅうりが出てくるらしい。なんだかそんな時間がとってもうらやましいな。

きゅうりのカリカリ漬け

●材料

きゅうり　5本
しょうゆ、みりん、酢　各1カップ
砂糖　大さじ1～2
好みで赤唐辛子　1本

●作り方

1　きゅうりを2センチ幅くらいの斜め切りにし、調味料を合わせた鍋に入れます。

2　1を火にかけて沸騰してきたら火から下ろして、鍋底をぬれぶきんや水につけて冷まします。

3　煮汁が冷めたらまた火にかけて沸騰させて、再び冷ます。これを4、5回繰り返します。そうするときゅうりの表面がしわしわになって、味がキュッとしまってくるのです。保存用の器に入れて冷蔵庫で、1週間もちます。なんてその前に絶対に食べてしまいますけれど。

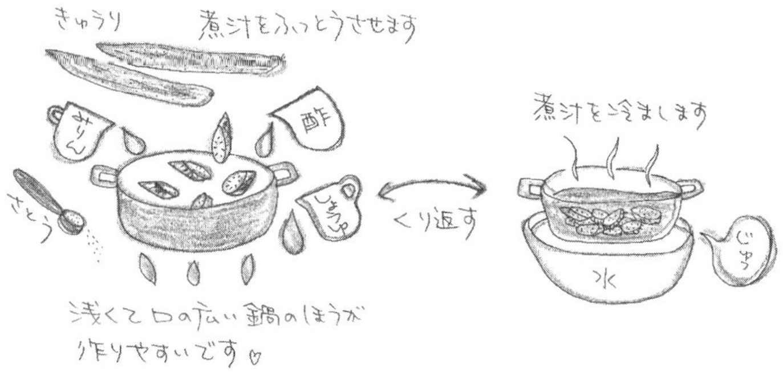
きゅうり
煮汁をふっとうさせます
みりん
酢
さとう
しょうゆ
くり返す
煮汁を冷まします
水
じゅう
浅くて口の広い鍋のほうが
作りやすいです♡

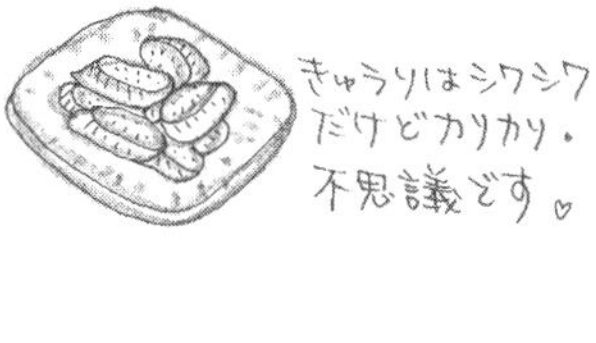
きゅうりはシワシワ
だけどカリカリ。
不思議です♡

9月5日
はれ

食べることから料理がはじまる

なんということでしょう。夏休みが終わったとたん、真っ青な空が広がり、蟬がミンミンと一生懸命鳴き出し、寝苦しい夜がやってきました。お休み中ならどんなに暑くてもうれしくてしょうがないのに、仕事をしているとなぜか腹がたってしまう。澄んだ空を見上げてはため息ばかりがでた一日でした。そんな日は食べるに限る。３日前に仕込んでおいた塩豚をスープにして、ガンガン汗をかいてごはんをモリモリ食べよう。

料理の仕事をはじめてあらためて思ったことは、料理はまず食べることからはじまるということ。よく聞かれることのひとつに「いつどうしたらそんなにレシピを思いつくんですか」という質問があります。最初は自分でもはっきりわかっていなかったんですが、ずっとずっと食いしん坊だったからかなって最近思うようになりました。学校で習ったお勉強はあっというまに忘れてしまうのに、幼い頃からおいしかったもののことははっきりと覚えてる。きっと私の頭の中は食べることでいっぱいで、数字や英語が入らなかったんでしょうね。食べることからはじまって、もっとおいしく食べたい、たくさん食べたいっていう気持ちになって台所に立つことが好きになっていったように思います。

だから今日みたいに頭がプンプンしているときも、まずはおいしいものを食べる。そうするとあっというまに心があったかくなります。

塩豚スープ

●材料　4人分

豚肩ロースかたまり肉　300グラム位
自然塩、ナンプラー　各適量
にがうり　適量

●作り方

1　豚肉に小さじ１～２の塩をまぶしてよくもみ込み、ラップをきっちりして一晩～３日冷蔵庫で寝かせます。にがうりは薄切りにし、塩を少々をまぶしておきます。

2　肉は４カップの水と合わせて火にかけます。途中アクが出たらていねいに取り、30分ほど煮ます。

3　肉を取り出して切り分けて煮汁にもどし、塩、ナンプラーで味をととのえ、にがうりを入れて出来上がりです。

●メモ

野菜はいろいろ合わせてみてください。私はキャベツや白菜を合わせたり、冬瓜と一緒に煮たりもします。

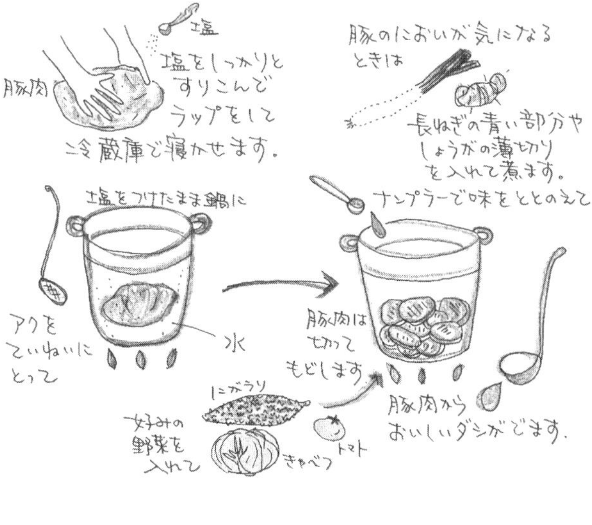

9月9日
はれ

今年はじめての海

夫とふたりでテレビの収録の仕事。我が家の休日というテーマで、撮影をしました。夫がときどきブランチにスパゲティを作ってくれることや、お天気のいい日は朝ごはんを食べずにお弁当を作ってドライブに出かけることなどなど、そんな家での時間を撮影してもらい、陽が落ちないうちに海まで本当にドライブ。仕事とはいえ、海はやっぱり気持ちがいい。いっきに休日ムードになり、夕日が落ちるのを待ってスタッフみんなで花火までして帰りました。海も空も真っ青で、風がほんとうに心地よかった。海に沈んでいく太陽もすばらしく、サイコーにいい映像がとれました。夜空には真ん丸い月のそばにはっきりと火星が見えるというおまけつき。夜のドライブもなかなかでした。

ただ本当のことをいうと、夫婦の休日はこんなに行動派ではありません。グダグダといつまでもふとんから出ないし、冷蔵庫にあるもので簡単にごはんをすませて、またひたすら寝ているお休みのほうが多かったりするのです。おはずかしいかぎり。今日は一日くすぐったい気分でした。

夫が好きなおむすび弁当

●材料　2人分

ごはん　お茶碗6杯分くらい
焼き鮭　2切れ分くらい
いくら　適量
自然塩　適量
たまご　3個
砂糖　大さじ1
サラダ油　大さじ1
ソーセージ　4本
粗びき黒こしょう　少々
オリーブオイル　小さじ2
豆苗　1パック
だし、薄口しょうゆ、ゆずこしょう、マヨネーズ　各適量

●作り方

1　焼き鮭の身をほぐして、ごはんに混ぜて、おむすび6個をにぎります。具にいくらを入れて、塩を手につけながらにぎります。

2　たまごを割りほぐして砂糖とひとつまみの塩を入れて混ぜます。熱したサラダ油にいっきにたまご液を流し込み、大きく混ぜながら、たまご焼きの形にととのえます。

3　ソーセージを2～3等分に切り、オリーブオイルでさっと炒めてこしょうを振ります。

4　豆苗をゆがいて、ざるにとって冷まし、水気をしっかりとしぼって、食べやすい長さに切ります。だし、薄口しょうゆ、ゆずこしょう、マヨネーズを合わせたところに豆苗を入れて和えます。

5　お弁当箱におむすびとおかずを詰めて、好みでおむすびには海苔を巻いてください。

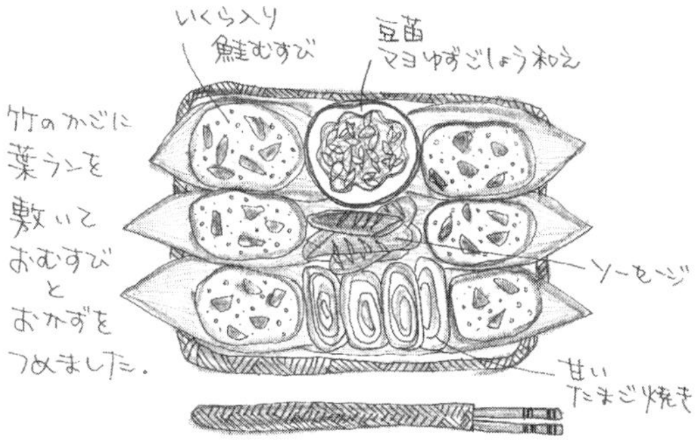

9月10日
はれのちくもり

ミントの花束

仕事の打ち合わせにいらした編集者のかたがミントの花束を持ってきてくださいました。何本かは薄い紫がかったピンクの花をつけており、ほんとうにかわいい。
「新聞紙なんかにくるんできてしまってごめんなさい」ってそのかたはおっしゃったけど、なんだかそんな無造作な感じもミントに合っているなって思いました。新聞紙を開くと部屋中にミントの香りがぱっと広がって、いい気分。すてきなおみやげをありがとう。

仕事の話もそこそこに、さっそく根元を切ってガラス瓶にいけました。これはよく仕事をするスタイリストのかたから教えてもらったのですが、ミントなどのハーブも花や枝と同じで、根元を切って水につけておくと、しばらくシャキッと元気です。パックのまま冷蔵庫に入れっぱなしですと、すぐにしおれてしまいますものね。ミントはあっというまに根元から新しい根が出てくるので、ベランダの鉢に挿しておいてもいい。風通しがよく、陽の当たる場所なら、どんどん新芽を出して茂っていきます。エスニック料理のつけ合わせにかかせませんし、ときどきお風呂に葉を浮かべたりもしますから、ミントにはいつもそばにいてほしいのです。

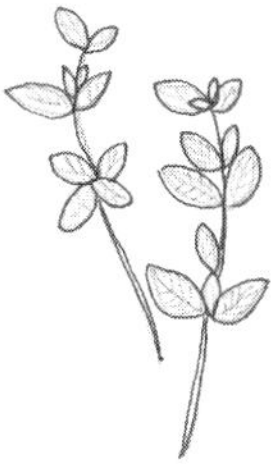

ミントもバジルも
香菜も あっというまに
元気になります。

十字にはさみを
入れて水につけます

9月15日
くもりときどきはれ

今度はすすきが届く

「お月見には間に合わなかったんだけど」と、友人がすすきを届けてくれました。庭のすすきを切ってくばり歩いているという。都会ではなかなかすすきは見られません。なんだかかなしいけれど、花屋さんで買うものになっている。毎年私も9月に入るとすすきと女郎花《おみなえし》、ワレモコウを買って和室にいけておくのですが、今年はまだまだ暑さが残っていましたし、先日実家の裏庭のすすきを見たばかりだったので、なんだかお金を出して買うのが馬鹿らしいなって思っていたところでした。

すすきを飾ると、ぐっとお月見の気分が盛り上がります。東京もそろそろ秋の風がふいてもいい頃なのではと思う毎日です。

今夜はとっておきの芋焼酎「ひとり歩き」と大根と豚肉の炒めナムルで一杯やろう。

大根と豚肉の炒めナムル

●材料　2人分

豚肩ロース薄切り肉　120グラム
大根　8センチくらい（あれば葉も使います）
にんにく　ひとかけ
赤唐辛子　1本
ごま油　大さじ1
塩　小さじ1/3
しょうゆ　少々
白すりごま　小さじ2

●作り方

1　豚肉は細切りにし、大根は長さ4センチくらいの細切りにします。葉は小口切りにし、にんにくはつぶしておきます。

2　フライパンをあたためて、ごま油とにんにく、赤唐辛子を入れて中弱火で炒めます。にんにくが香ばしくなってきたら、豚肉を入れて炒め、肉にほぼ火が通ったら大根と葉を加えて炒め合わせます。

3　全体にしんなりとしてきたら塩としょうゆで味をととのえ、最後にごまを加えます。

9月20日

あめ

3度目はじゃがいもが届く

なんだかうちはいただきものばかりで暮らしているように見えるかな。今日は谷村志穂さんからじゃがいもをいただきました。

実はきのう志穂さんのおうちでごはんをいただき、ワインのつまみにとゆでたてのじゃがいもにアンチョビとバターをのせて、フハフハ言いながらたくさんじゃがいもを食べました。じゃがいものホクホクした味わいにアンチョビのキリッとした塩気が抜群に合います。あんまりおいしい、おいしいを連発したおかげで？　さきほどじゃがいもを届けてくださいました。

ごちそうになったうえに、おねだりまでしてしまった。最近ほんとによく志穂さんにごはんを食べさせてもらっています。感動。

ゆでじゃがいものアンチョビのせ

●材料

じゃがいも　２個
アンチョビフィレ　３〜４枚
バター　適量

●作り方

じゃがいもは皮ごとよく洗って、水からゆでます。串がすっと通るくらいにやわらかくゆであがったら、水気をきって器に盛ります。アンチョビとバターを好みでのせながらいただきます。

水からじっくり
ゆがくのがポイント
皮つき
じゃがいも
水

ホクホクのじゃがいもに
バターとアンチョビをのせて

9月25日
くもりのちあめ

鍋いっぱいのミートソース

撮影あとの残りものでミートソースを作ることにしました。玉ねぎ、セロリ、ピーマン、トマト、きのこいろいろ、牛ひき肉、豚薄切り肉、ソーセージを細かく切って、炒めて粉をほんの少し振り入れて、トマトの水分だけで煮ました。

撮影のときには少し多めに材料をそろえます。手順を写真に撮ったり、素材そのものを写したりもするものですから。そしてたまに私自身が失敗!!!　なんてときのためにも。撮影が終わったあとはスタッフで分け、みんなが持ち帰ることができないときには私がひきとります。

そんなときによく作るのが、ミートソースだったり、カレーだったり。ひと鍋でできるものが多いかな。そうしておくと、次の日の撮影のまかないにもなりますし、鍋ひとつで完結するものは友人宅へのさし入れにももってこいなのです。

慣れないうちは材料がどんどん冷蔵庫にたまってしまって、すごく心が痛みました。最近です、仕事とプライベートの食材をうまくやりくりできるようになったのは。

具だくさんのミートソース

●材料　22センチの鍋分

牛ひき肉 100グフム　豚薄切り肉 100グラム　ソーセージ 4本
玉ねぎ 1個　セロリ葉ごと 1本
にんにく ひとかけ　トマト 3個
エリンギ 3本　しいたけ 2枚
しめじ 1/3パック　ピーマン 3個
オリーブオイル 大さじ3
小麦粉 大さじ2　コンソメキューブ 1個
塩、こしょう 各適量　ローリエ 2枚
しょうゆ 少々
ケチャップ、ウスターソース 各大さじ1～2

●作り方

1　豚薄切り肉は細切り、ソーセージは小口に切り、玉ねぎ、セロリ、きのこ類、ピーマンは粗みじん切り、にんにくは薄切り、トマトはざく切りにします。

2　鍋ににんにくとオリーブオイルを入れて中弱火にかけ、にんにくが香ばしくなってきたら玉ねぎ、セロリを入れて炒めます。

3　全体にしんなりしてきたらひき肉と豚肉を入れて炒め合わせて、塩、こしょうをし、小麦粉を振り入れて全体にからめます。

4　残りの野菜とコンソメキューブ、ローリエを加えてしっかりと蓋をして弱火でコトコト静かに煮ます。

5　野菜から水気が出てきて、小麦粉でとろみがついてきたら、ケチャップ、ソース、しょうゆで味をととのえます。

●メモ

野菜から水気があまり出ない場合はほんの少し湯をたして調整ください。

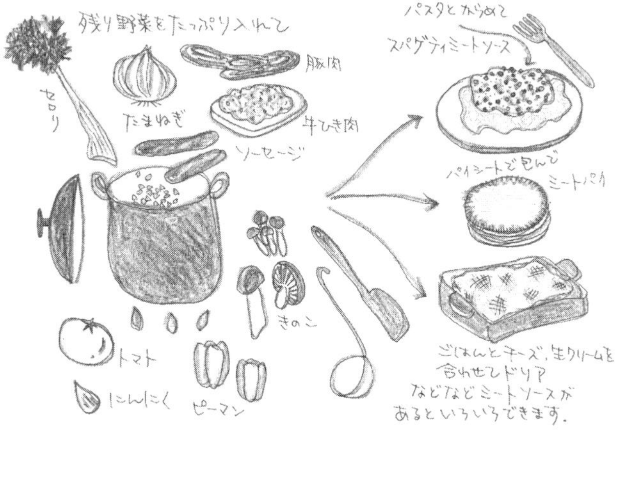

10月1日
はれのちくもり

とんでもない大失敗パスタ

夕方から夫の友人たちがうちに集まり、そのまま夕飯をかねてお酒を飲むことになりました。ですが、今日の私はまったく料理をする気持ちがなく、ピザでもとって、あとは簡単なサラダとか、つまみを皆で作って食べようということになり……。そんな日もあるのです。というか、たくさんあります、といったほうがいいのかな。料理したくない日。そういうときには正直に夫や友人たちに伝えて、無理のない範囲で集まってはおしゃべりをしたりするようになりました。

ただ、飲んだり、おしゃべりしたりするうちに、ムクムクとやる気が出るものですね。おなかが刺激されるのか、話すことで疲れやストレスがふっ飛ぶのかはわかりませんけれど、結局台所に立ってしまいます。

ところが今日に限って最後に作ったパスタがたいへんな味に仕上がってしまい、大慌て。せっかくやる気を取り戻したのに散々な一日の終わりになってしまいました。

なんと表現したらいいんだろ。スパゲティをゆでるときに塩を入れすぎたようなのです。そのしょっぱさは半端じゃなくて、もうどんなに具だくさんのパスタにしても、スープにしたり、たまごでくるんでみたりしてもおさまらない。なんとか工夫して食べられるように作り直そうとすればするほど、まずさにみがきがかかってしまう。どうしてそんな塩の量になってしまったんだろう、自分でもまったく覚えがないから余計に、ちょっぴり落ち込みました。

料理は自分の好みの味に仕上がらなかったり、形が思うようにできなくても、ひと工夫して口に入れるときには辻褄《つじつま》が合うよう、作り替えられる自信がありました。ずっとそうして料理をしてきたつもりでしたが、きっとこれは神様が喝を入れてくれたのかな。

レシピはおいしくできたサラダのほうを記すことにします。やれやれ。

シーザーサラダ

●材料　4人分

ベーコン　3枚　　クルトン　適量

粉チーズまたはパルメジャンを薄く削ったもの　適量

ロメインレタス　1玉（ないときはレタスやサニーレタスなどで）

クレソン　1束

レモン汁またはワインビネガー　大さじ2

マヨネーズ　大さじ2

オリーブオイル　大さじ3

しょうゆ　少々

●作り方

1　ロメインレタスは葉を一枚一枚はずし、クレソンは茎は切り落として、冷水につけてシャキッとさせます。クレソンの茎はゆがいておひたしやお味噌汁の具に使います。

2　マヨネーズ、レモン汁、オリーブオイル、しょうゆを合わせてドレッシングを作っておきます。

3　ベーコンは細切りにし、フライパンで油なしでカリカリに焼きます。

4　1の水気をしっかりとききり、器に盛りつけ、クルトンと粉チーズをたっぷりとかけて、アツアツのベーコンを散らして、ドレッシングをかけます。

ロメインレタスの葉は切らずに盛りつけました。大胆さが喜ばれる、うちのサラダです。

10月5日
はれのちくもり

左利き用のきゅうす

左利きの暮らしはもうずいぶんと慣れたものですが、いまだに困っているものがあります。それはきゅうすと木べら。

きゅうすは手が右利き用についていますから不自然にお茶を注ぎいれることになり、木べらはへらの先がやはり右利き用に削られていたり、傾いていたりするので、なんとも使いづらい。慣れません。

よく言われる包丁とか、刃のものはたいてい大丈夫。ふだん使う包丁は両刃なので問題ないですし、はさみ、缶きりも右利き用に慣れてしまったので、いまさら左利き用を使ってもなんだか使いづらかったりします。不思議なものですね。

父親が左利きだったので、私もその血を継ぎました。私が育った頃はまだ利き手の自由をそうそうゆるされず、習字を習ったり、家で矯正されて、右手でごはんを食べたり、字を書いたりするように言われたものです。

でも、私は左利きを通してしまいました。よほどのがんこ者だったのでしょうね。祖母からかなり熱心にしつけられたようですが、小学校にあがってからは家族全員あきらめたと聞いています。

今日は念願だった左利き用のきゅうすが我が家にやってきました。器屋さんにお願いして、陶芸家のかたに作っていただいたのです。

さっそくお茶をいれてみましたら、使い勝手がスムーズ。動きが優雅になったかは定かではありませんけれど、かなり満足しました。

これでまたお茶の時間が楽しくなるかな。

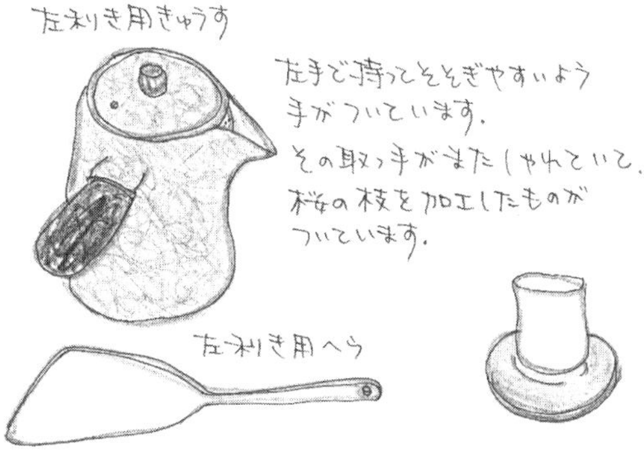
左利き用きゅうす
左手で持ってそそぎやすいよう
手がついています。
その取っ手がまたしゃれていて、
桜の枝を加工したものが
ついています。
左利き用へら

10月9日
くもりのちはれ

引き続き道具の話

ここ2年くらいひんぱんに受ける取材がキッチン道具のことと、収納。

自分のキッチンでお料理を楽しむかたが増えているからでしょうか。レシピはもちろん重要ですけれど、作る過程も楽しみたい、キッチンのなかを好きなもので満たしたいっていう気持ちもありますね。キッチンを自分の城にするっていうのかな。機能的に、かつスタイルよくっていうのが私にとっても永遠のテーマです。

ただ道具は私が使っているからといって誰にとってもそれがいいとは限りません。お料理のやり方や好みによってもまったく道具の選び方は違いますから、読者のかたが混乱しなければと思う今日この頃です。

昨年、道具にくわしいエッセイストの石黒智子さんとキッチン道具をテーマに対談をさせていただいたことがあるのですが、そのときのふたりがそれぞれとりあげた道具がまったく違ったのでおもしろかった。石黒さんはパン食派。毎日必ず粉を使った料理をするので、使い勝手のいいボウルやゴムべら、オーブン回りの道具がいっぱいありました。私はというと完全にごはん派なので土鍋があったり、鍋は雪ひらだったり。気持ちがいいくらい、ふたりの道具はふたつに分かれており、そのとき、道具をみればどんな料理が得意なのかがわかるんだなって思いました。

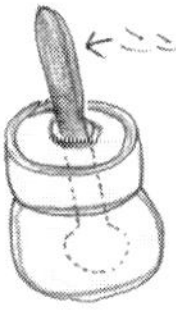

←ここをクリクリッと回すだけ。カンタン♪

ごまあたり器

手のひらにのるくらいの
小さなものですが、大さじ4〜5杯の
ごままですることができます。
ごまが散らないので便利。

先のとがったスプーン。

ソースをかけたりするときに
先から細く流すときれいな
盛りつけになります。

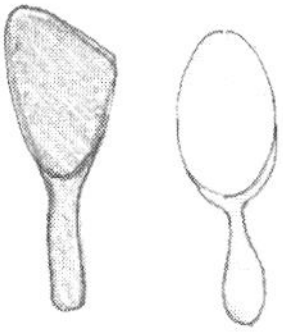

楽焼のごはん鍋

吹きこぼれがなく、
20分くらいでごはんが
炊けてしまう土鍋。
豆やひじきの煮ものも
この鍋で作るとサイコーに
おいしくできあがります。
と、私は思っているのです。

いろんな形の
木のおしゃもじ

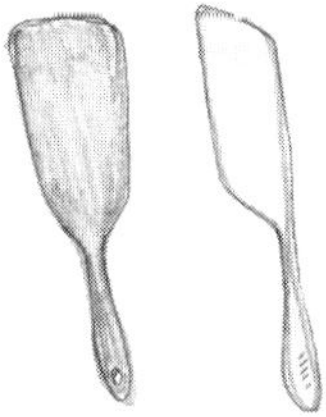

ちょっと細長いかんじの
高さのあるボウル。

葉野菜や青菜類をたてに
さすようにして水につけられます。
ホイップクリームを作るときには、
飛び散りが気にならないです。

お気に入りの
台所道具たち

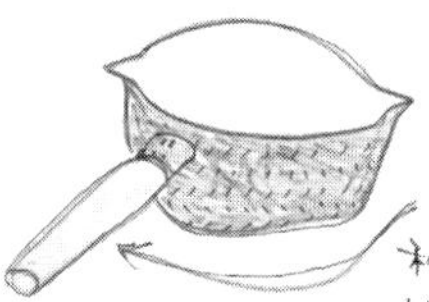

うちの雪ひらは
ここの手がない鍋ばかり。
私が乱暴に使うので、
いつもこがしてとれてしまうのです。

10月15日
くもり

新しい野菜と出会う

どうしても手に入らない季節はずれの野菜や果物が必要なとき、知り合いの築地の青果店に連絡をして頼みます。

今日は年明けくらいから出回る菜の花を注文しました。お料理の仕事はファッションと同じように先取り先取りというところがあり、特に雑誌は季節をとても大切にするので、発売月の号に合わせて料理のテーマが決まっていきます。たとえばまだ10月だというのに、もう年明けの2月や3月号のページを準備製作することになり、我々は、必然的に春を意識した料理を作っていかなくてはならないといった具合。

なので私が仕事をはじめてまもない頃に手間取ったのは、材料、食材集めでした。夏にお正月のおせち料理を準備しなければならなかったときはニュージーランド産の柿を、春先に夏の料理をしたときには沖縄からすいかが届きました。

青果店のご主人のお話によると、日本の真裏にあるオーストラリアやニュージーランドでどんどん日本の食材を作っているそうです。

季節がまったく逆なので、日本が夏のときには冬場の旬のものが届き、日本が冬のときには真夏の旬のものが届く。まだまだ味のほうが追いついていないということですが、きっとあっというまにおいしく作り上げられて、いつでもたくさんの食材が手に入るようになり、いつしか旬というものがなくなっていくのでしょうね。便利になる分、ちょっぴりさびしいお話でした。

さてそんな季節はずれのものをお願いするときに、私は必ず旬の新しい素材も合わせて頼むようにしています。築地ですからやはりスーパーなどではなかなかお目にかかれない珍しいものもそろっているとうかがい、毎回味見をするようになりました。

菜の花と一緒に届きましたのはテイスティングポテトと呼ばれる色や形、味わいが違う10種類のじゃがいもと、赤い茎のサラダほうれん草。じゃがいもはひとつずつとりあえず蒸し器でふかして味わい、ほうれん草はステーキのつけ合わせにしていただきました。ときどきそんな新しい味がやってくると、刺激になります。

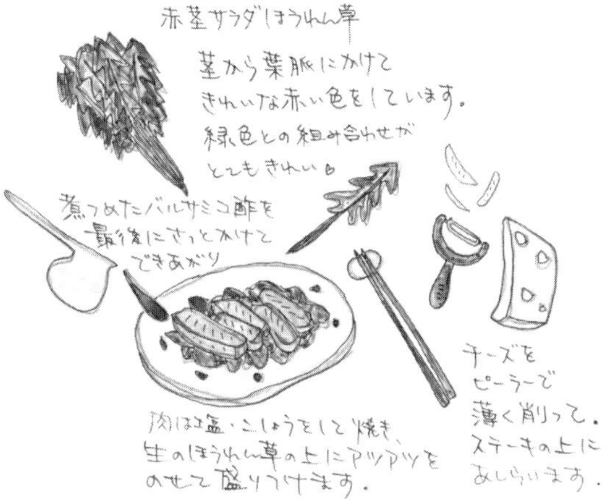

10月20日
はれ

スタッフのお昼はしょうが入り豚汁

今日からおむすびの本の撮影がはじまりました。前作のおみそ汁に続き、今回はおむすびを100個にぎります。

にぎっては写真を撮っていただき、またにぎる。その繰りかえし。単純作業ではありますが、ひとつひとつおむすびにも顔があってなかなか楽しくなりそうです。

前回もそうでしたが、作るものがすべて、みそ汁、おむすびばかりというときにはスタッフのお昼ごはんや夕飯を考えます。おかずやごはんやデザートなど献立になるようなレシピの本の撮影ですと、特に準備はしないのですが、今回はおむすびに合うものを毎日お昼に作ることに決めました。

本日は朝から少々冷え込んだので、しょうがをたっぷりと刻み入れた豚汁を用意。豚肉と根菜類にしょうがをピリッときかせてみました。身体があったまって、自分でいうのもなんですが、とてもおいしくできました。撮影の料理より、スタッフのごはんを優先して考えてしまうこともしばしば。みんなの満足した顔を見ると、仕事をやる気になるのです。

しょうが入り豚汁

●材料　4～5人分

豚薄切り肉（バラ、ロース、肩ロースなど好みの部位）　全部で300グラム
しょうが　ふたかけ
大根　1/3本　　ごぼう　1本
にんじん　1本
れんこん　1節　　里いも　5～6個
油揚げ　2枚
だし　6カップ
ごま油　大さじ1　　塩　小さじ1
しょうゆ、みそ　各大さじ3
七味やゆずこしょうなどの薬味　適量
三つ葉、ねぎ、みょうがなど　適量

●作り方

1　豚肉と油揚げは細切りにし、しょうがはみじん切り、大根とにんじん、れんこんは5ミリ幅くらいのいちょう切りにし、ごぼうは洗いささがきにし、里いもは皮をむいて5ミリ幅くらいの輪切りにします。

2　鍋にごま油を熱して豚肉を炒め、白っぽくなってきたら、しょうが以外の野菜を入れて、軽く炒め合わせます。

3　全体に油が回ったらだしを加えて、しょうがと油揚げを入れ、アクを取りながら煮ます。

4　三つ葉は1センチの長さに、ねぎとみょうがは小口切りにします。

5　野菜がやわらかくなったら味つけし、薬味を添えて盛りつけます。

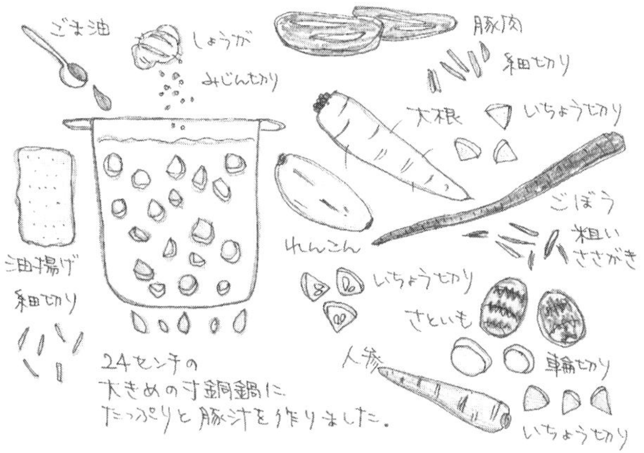

10月23日
はれ

スタッフのお昼ごはん　その2

おむすびの撮影も４日目。そろそろ終盤にさしかかり、本日のお昼のごはんはおむすびから離れることにいたしました。

なんて自分が食べたかったのです、カツサンドとトマトとレタスのスープ。スープは市販のコンソメキューブを溶かしたものととりがらスープを合わせたものを用意し、あとはトマトとレタスを加えるだけ。黒こしょうをきかせるととてもおいしい。

よく私は脱線します。いいような、悪いような性分。今日は特におむすびから一度離れてリセットしたかったのかもしれません。

カツサンド

●材料　4人分

とんカツ用豚肉　4枚
塩、こしょう、ガーリックパウダー　各少々
小麦粉、たまご、パン粉、揚げ油　各適量
マスタード、マヨネーズ、ソース　各適量
キャベツ葉　8枚くらい
食パン　8枚

●作り方

1　肉は脂の筋を切り、肉たたきなどで薄くのばし、塩、こしょうとガーリックパウダーを振ります。キャベツは千切りにし、冷水につけてシャキッとさせて、よく水気をきっておきます。

2　小麦粉、溶きたまご、パン粉の順に衣をつけて、パンにはさみやすいよう、肉をできるだけ四角い形に近づけるよう、手でととのえます。

3　パンにマスタードとマヨネーズを塗ります。

4　170度くらいの油で肉をこんがりと色よく揚げて、パンにキャベツをたっぷりとのせたところに油をきったとんカツをのせ、ソースをかけてパンではさみます。

●メモ

ガーリックパウダーがないときはにんにくの切り口をさっとこすりつけるだけでも風味がついておいしくなります。

11月1日
あめのちくもり

パリの味、モン・ドールみつかる

昨年の今頃はパリの街に立っていたっけ。年末も近い忙しい時期でしたけれど、なんとか仕事をやりくりしてパリに1週間滞在していました。なにをするでもなく、毎日マルシェで野菜やチーズ、生ハム、ワインを買って帰り、キッチンつきのアパートでお料理をする毎日。ずっと外食だと疲れてしまうので、しっかりデジュネ（ランチ）を堪能したら夜はアパートで、夜3ツ星レストランの予約がとれた日は、朝昼兼用のごはんを食べて出かけていました。

旅行先でも料理してるんだって思うでしょ。私もそこはほんとに不思議に感じているのですけれど、キッチンがかわると料理したくなる。それからマルシェでおいしそうな野菜や果物を見たらやっぱり食べたいって思ってしまうのです。くいしんぼうだからしょうがない。

滞在中たくさんおいしいものを食べましたけれど、一番気に入ったのはモン・ドールというチーズ。牛の生乳から作るやわらかなチーズで、木わくから出すと形を保つことができないほど。上のかたい皮を取って、中のやわらかなクリーミーなチーズをすくって食べます。パリではオーブンで軽くあたためて、さらになめらかにして、ゆがいたじゃがいもにたっぷりとつけて食べていました。

そのモン・ドールを近所のスーパーで発見。

寒い頃に出るチーズだと聞いていたので、秋口からチーズ売り場をまめにチェックしていたかいがありました。小さくガッツポーズ。でもでも高〜い!!!　高すぎる。パリでの値段の3倍以上。日本もパリもいろんなものが同じような値段にそろってきたように感じていましたが、チーズは違ったようです。まつたけを買うような気持ちでひと箱かかえて帰りました。

フランスとスイスの国境、ジュラ山脈の
モン・ドールという山の渓谷で
作られてきたチーズ。
VACHERIN MONT-D'OR
樅の木箱で
熟成させるのが
特徴的
VACHERIN MONT-D'OR
AU TREFLE
ERIC ROCHAT SUISSE
なので、フランス産、
スイス産とがあります。
今日のチーズはスイスのものでした。

11月10日 あめ

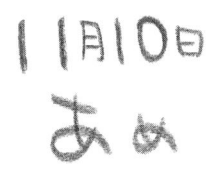

京都へだいどこ道具を買いに行く

雑誌の取材で京都へ出かけました。夏の終わりの日記にも登場していただいたスタイリストの伊藤まさこさんと一緒に、京都中の道具屋さんを回りました。2泊3日の旅でしたけれど3週間くらい滞在したような、京都を十分堪能しました。というのも、テーマである買い物はもちろん楽しかったのですが、そのお店、お店で歴史のあるお話や道具への思い入れや作り続けていくことの意味をうかがい、熱い取材になりました。なんだか職人さんおひとり、おひとりの自叙伝を読んだような気分。久しぶりに頭を使ったせいでしょうか、短い時間で小さな頭にいろんなことを詰め込んだのでとても3日間が長く感じます。充実感がたりないと時間が過ぎるのが早いのかなと反省。今回の京都の旅はぽっかりといつもとは違う時間が流れたように感じました。

うちに買い帰った道具たちもいい歴史を重ねていけたらいいな。

レシピは高台寺和久傳でいただいたからすみ餅をメモします。お餅もからすみも大好物なので、もっとたくさん食べたかった。

そう思ったら自分で作るしかありません。

からすみ餅

●**材料と作り方**

つきたてのやわらかなのし餅を5センチ四方くらいの大きさに切り、切り口の面にさらに切り込みを入れてスライスしたからすみをはさみます。網でさっとあぶって焼き、何もつけずにそのままからすみの塩気だけでいただきます。

●**メモ**

つきたてのやわらかなお餅は甘味屋さんなどで手に入れてください。

からすみ
のし餅を焼きやすい大きさに
切り、スライスしたからすみを
中にしのばせます。
お餅がやわらかなうちに
仕込むのがポイント。

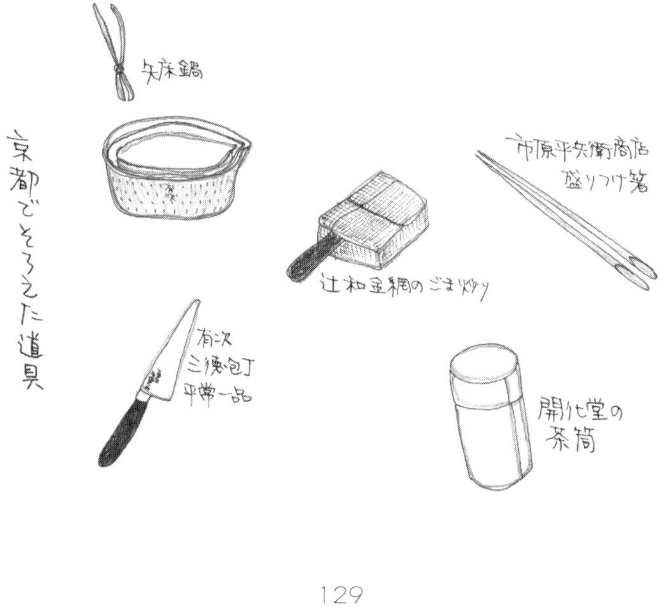
京都でそろえた道具
矢床鍋
市原平兵衛商店
盛りつけ箸
辻和金網のごま炒り
有次
三徳包丁
平常一品
開化堂の
茶筒

11月12日
はれときどきくもり

京都土産のうな茶

夫へのお土産は縄手にあるかね庄さんの「お茶漬鰻」。

かば焼きとはまったく違う、甘辛しょうゆでていねいに煮上げた鰻をお茶漬けの具にします。2センチ幅くらいに切って、炊きたてのごはんに混ぜて、1杯目はひつまぶし風にごはんと鰻を味わい、2杯目はわさびや刻み三つ葉、ねぎなどの薬味を一緒に混ぜて味わい、3杯目にやっとお茶をかけてお茶漬けに。

できれば、生のすりわさびを合わせると一段とおいしくなります。

チャッピーとクロもお留守番ありがとう。

この晩はなぜか寝つけず、ソファでごろごろ、何度もお風呂にはいってみたり。旅の興奮が続いているのでしょうか、突然冷蔵庫の扉の汚れが気になり、そうじをはじめたのが3時。

すっきりきれいになった頃やっと眠気がやってきました。寝しなにまた鰻お茶漬けを一杯すすり、おやすみなさい。

かね庄さんの「お茶漬鰻」がなくても、お茶漬けはできますから、レシピをメモします。

鰻茶漬け

●材料　２人分

鰻のかば焼き　１枚
ごはん　茶碗２杯くらい
自然塩、おろしわさび、三つ葉　各適量

●作り方

1　鰻はホイルに包んでグリルやトースターで軽くあたためて、一口サイズに切り、ごはんと混ぜます。

2　薬味のわさびと三つ葉を添えて、好みで塩を振り、熱いお茶、または湯をかけます。

おいしい
塩を
パラパラ
熱～いお茶を
注ぎ 入れて
うなぎと
ごはん
すりたての
生わさびが
あったなら♡
もちろん
ごはんも
炊きたての
とびきりうまいところを
よそいます。
三ツ葉を添えて

11月15日
くもりのちあめ

寒さがしみてきたら鍋仕立てのスープを作る

ようやく頬に当たる風や吸い込む空気が冷たいと感じる寒さがやってきました。なんだか夏があっというまに終わってしまったものですから、今年は秋が長いみたいですね。うちの前の公園の木々が赤くそまってきれいです。さっそく落ち葉ひろいをして玄関の飾りに。アップルパイの香りのアロマキャンドルのまわりに葉をちりばめてみました。

こんな寒い日にはあったかなスープを作ります。鍋仕立てにして、テーブルでグツグツと煮て、アツアツを少しずつとって食べます。まずは豆乳と豆腐のスープから。

豆乳は牛乳と同じように使っていくとレシピが広がっていきます。シチュー、グラタン、ゼリーなど。今日のようにおだしにおしょうゆ味も大好きですし、コンソメと合わせたり、みそとの相性もいい。明日の朝はベーコンと白菜を合わせたスープを作ってみようかな。

豆乳湯豆腐

●材料　4人分

豆乳　4カップ
絹ごし豆腐またはおぼろ豆腐　2丁
白しょうゆ、白だし　各大さじ1～2
（または濃いめにとっただし1カップに、豆乳を3カップ合わせます）
塩　小さじ1/2～1
薄口しょうゆ　小さじ1
薬味として白ごま、ゆずこしょう、しょうがのすりおろし、刻みねぎ　各適量

●作り方

1　鍋に豆乳と調味料を入れて中弱火にかけ、フツフツとしてきたら、スプーンで一口大くらいに豆腐をすくって入れます。

2　豆腐があたたまったら、好みの薬味を合わせていただきます。

●メモ

豆乳をあたためると表面にゆばの膜ができますから、それをすくい取って豆腐と一緒に召し上がってください。煮つめていくととろとろのクリーミーな豆乳スープになりますので、アツアツのごはんにかけたり、ゆでたうどんと合わせていただきます。

豆腐
豆乳
だし
塩
薄口しょうゆ
だしの味によって塩としょうゆの量が決まりますので、まずだしを入れて味見をします。
真っ白な豆腐のスープ、かなり美しいです。

11月16日
はれ

きのこを塩漬けにする

長野に住む両親はこの時期になるときのこ狩りに出かけます。毎年決まった山に入って、たくさんのきのこをとってきて、鍋にしたり、塩漬けにしたり。私が一緒に住んでいた頃はまだ初心者だったので、よくおなかをこわしたりしていたような。なんでそんなにまでしてきのこを味わいたいのか、私はあきれておりました。ただ、今となっては私も山に入ろうって思うくらい、母から送られてくるきのこの塩漬けを心待ちにしています。塩漬けのきのこのうまみといったらものすごく濃い。シャキシャキッとした食感もあって、でも味はまろやかなんですね。

東京ではなかなか山のきのこは手に入りませんから、私はスーパーで買うきのこを塩漬けにして保存しています。そうすると長もちするだけでなく、うまみも出てくる。塩を合わせるとあっというまにきのこから水気が出てきますから、この汁も調味料として使えます。きのこは冷蔵庫に何日も入れておくとすぐに傷んでしまいますので、買ったその日に使わなかった分は塩漬けにしておくと、最後のひと房までおいしく食べられるようです。冷蔵庫で2週間もちますので、和えもの、サラダ、パスタ、スープ、鍋などいろいろに使ってください。

塩漬けきのこ

●材料
しいたけ 6枚　しめじ 1パック
まいたけ、白まいたけ 各1パック
エリンギ 3本　えのきだけ 1パック
自然塩 小さじ2～3

●作り方
1　きのこ類はすべて石づきを取り、しいたけ、エリンギは縦に4等分に切り、しめじ、まいたけは小房に分けて、えのきだけは軽くほぐして、熱湯にさっと通します。
2　ざるに上げて、水気をきって、熱いうちに瓶に詰めて、塩をまぶして保存します。

塩漬けきのこと
大根おろしの和え物

●材料　4人分
大根 15センチ　塩鮭 1切れ
小松菜、またはほうれん草などの青菜
2株
塩漬けきのこ 1カップくらい

●作り方
1　だいこんはすりおろしてざるにとって軽く水きりします。鮭は焼いて身をほぐしておきます。青菜はさっとゆがいて、食べやすい長さに切っておきます。
2　きのこは保存瓶から取り出して、軽くしぼって、1と合わせて、軽く和えて盛りつけます。お好みでかぼすやレモン、ゆずの皮の千切りなどを入れてもおいしいです。

きのこの豆乳スープ

●材料　4人分
玉ねぎ　1/2個
バター　大さじ1
豆乳　4カップ
生クリーム　大さじ2～3
塩漬けきのこ　1カップ分くらい
パセリ　適量

●作り方
1　きのこは粗く刻みます。パセリは細かく刻んでおきます。
2　玉ねぎは薄切りにしてバターで透き通るくらいまで炒め、豆乳ときのこを入れて静かに煮ます。
3　フツフツとあたたまってきたら、きのこの保存瓶にある汁で味をととのえ、生クリームとパセリを合わせます。

11月20日
あめときどきくもり

やっと新米届く

　毎年長野の牟礼村で収穫されるお米を１年分まとめ買いしています。無農薬ということはもちろん、天日でしっかりと干されたお米は本当に甘みがあります。もみがらのまま麻袋に入れて実家の倉庫に保管してもらい、米びつにお米がなくなると父にメールをし、精米仕立てのお米を送ってもらっています。
　今日やっと今年の新米が届きました。夏の冷夏で収穫が遅れたのです。ただ味はかわらずおいしかったので安心。ごはんをモリモリと食べられるおかずを用意して夫の帰りを待つことにしましょうか。

　最近のお気に入りはポークチョップ。甘酸っぱい味がとても食欲をそそります。トマトの効果なのかな、お肉がやわらかく仕上がるので、牛肉や鶏肉でもおすすめです。仕上げの味つけにしてもよし、下味としてケチャップをしみさせて、塩、こしょうの味つけで焼いてもおいしいです。

ポークチョップ

●材料　4人分

厚切り豚ロース肉 4枚
玉ねぎ 1/2個
マッシュルーム 4個
塩、こしょう 各少々
ケチャップ、ウスターソース 各大さじ2
しょうゆ 小さじ2　サラダ油 適量
にんにくのすりおろし ひとかけ分

●作り方

1　肉に軽く塩、こしょうをしておきます。玉ねぎ、マッシュルームはスライスします。

2　熱したフライパンに大さじ1の油を入れ、まず玉ねぎとマッシュルームを炒め、全体にしんなりしたら取り出します。

3　小さじ2の油を入れ、肉を両面こんがりと焼きます。

4　2を戻し入れ、ケチャップ、ソース、しょうゆ、にんにくのすりおろしを加えて全体によくからめます。

11月25日 あめ

小どんぶりのすすめ

ごはんがあまりにおいしいのでしばらくは新米中心の食卓。ごはんがたくさん食べられるおかずを作ります。

1年間ずっと精米仕立てを食べられるのですから、それだけでも幸せなんですが、やっぱりその中でも新米と呼ばれるお米の味はサイコー。ひたすらごはんを食べていたいくらい、うまいんですから、おかず作りにも熱が入ります。

今日のごはんは小どんぶり仕立て。

どんぶりごはんとよくいいますけど、大盛りにしてはダメなのです。小盛りにしておいて、何杯も食べる喜びってあると思うのです。一度に盛りつけてしまうと逆に飽きたりもしますから、同じ量を食べるにしても小盛りの美しさをとりたい。

我が家は小どんぶり派。かっこんで食べる醍醐味もまたいいんですよね。

しょうゆ漬けたまごと長いものどんぶり

●材料　4杯分

卵黄　4個
しょうゆ、ナンプラー　各適量
長いも　8センチ
ごま油、塩、海苔　各少々
ごはん　茶碗4杯分

●作り方

1　卵黄にしょうゆとナンプラーを合わせて一晩冷蔵庫で寝かせて、漬けたまごにします（卵黄の高さ半分くらいまで漬かればOK）。

2　長いもは1センチ角の拍子切りにし、ごま油少々でさっと炒めて塩で軽く味つけします。

3　丼にごはんを盛りつけ、漬けたまごと炒めた長いもをのせて、海苔の細切りをちらします。

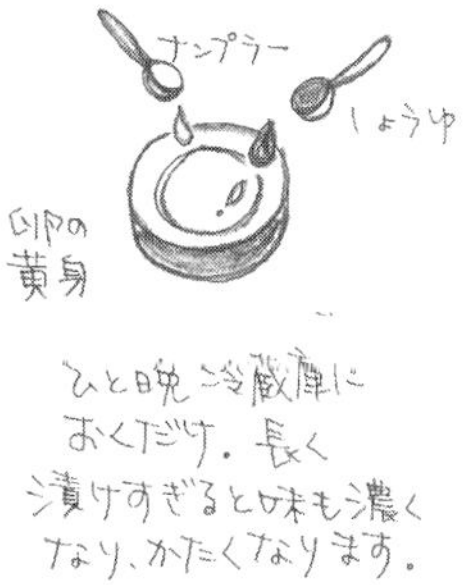

P

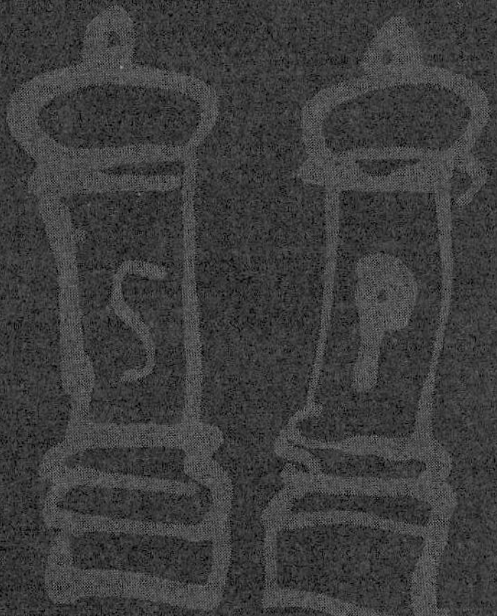
S
P

冬

12月1日
くもりのちあめ

買い物三昧の一日

年末だというのになんだかあったかい。まだコートを着る気分になりませんし、着ていると暑くなってしまう。汗かきながら厚着っていうのもへんですもんね。おしゃれって難しいな。

今日は朝から買い物三昧。代官山ではてぬぐい、渋谷のデパートでシルクのパジャマ、シャネルのサボン、白金でチョコレートと、紅茶、アロマキャンドル、原宿で中国茶、最後に恵比寿で麻のシーツを買いました。シーツ以外は仕事道具。といってもプライベートなものでもあるのですけれど。今度スタイルブックのような本を作ることになり、その撮影に使うものをそろえていたんです。なんて買い物の言い訳です。

思えば10年前は毎日こんなことをしていたように思います。時間が限りなくあり、あてもなく、街をさまよっていました。買い物をするお金はなかったので、ただ見るばかりでしたけれど、人気の雑貨屋さんや新しくできたお店には必ず出かけていました。そのときには楽しさ半分、なんて退屈なんだと思っていたところがありますが、今となってはそんな時間も私の大切なひき出しとなっています。

ツリー型の
チョコレート
あったかくて肌ざわりがよくて
ぐっすりねむれます
シルクの
パジャマ
ひょうたん柄の
日本手拭い
アロマキャンドル
和の香り
お香
オレンジの香り
石けんの香り
N°5
CHANEL
Paris
SAVON
クローゼットに
しのばせておくのも
いい♥
シャネルのサボン
P217
POIRE
マリナドブルボン
洋梨と
マスカットの
紅茶
菊花
普洱茶
中国茶
ポットの中に
菊花とプーアール茶を
ミックスさせてお湯を
そそぐ。おいしい
組み合わせ♥

12月5日
くもり

年末ごはん会の初日

さぁ、これから忘年会の日々。友人や仕事仲間が我が家に集まって飲んで食べてがはじまります。

きょうは夫の仕事関係のお客さま。私は料理に専念します。それなのに、またしても準備が遅くなってしまったのです。クリスマスの飾りつけやら、玄関のしつらえに時間をかけすぎてしまいました。そうこうするうちにひとつも料理ができていないのにチャイムがなって。急きょ、煮込んだり、オーブンでじっくりと焼く献立をやめて、チャチャッと炒める、揚げる、焼く、和える、切るだけっていう料理に変更。

献立は以下のとおりです。けっこう作りましたよ。だって作っても作ってもすぐになくなっちゃうから。みんなよっぽどおなかがすいていたみたいです。

・小鯵のから揚げマリネ　ナンプラー風味
・かぶのアンチョビ炒め
・ほたてのカルパッチョ　実山椒ソース
・シーザーサラダ　カリカリベーコンのせ
・ごぼうとじゃこのスパゲティ
・スナップえんどうのゆずこしょう和え

・青菜のしょうが炒め

・一口塩むすび

・牛のステーキ　わさび添え

・大根とにんじんの漬けもの風サラダ

・鶏スープそば

・いちご

・お土産のケーキ

・紅茶

お酒はシャンパンとワイン、ビール、芋焼酎

小鯵のから揚げマリネ
ナンプラー風味

●材料　4人分

小鯵　16尾
塩、こしょう、小麦粉、揚げ油 各適量
白ワインビネガー 1/2カップ　ナンプラー 小さじ2　砂糖 小さじ1〜2
たまねぎ 1個　にんじん 1本

●作り方

1　たまねぎは薄くスライス、にんじんは千切りにし、バットにいれておきます。

2　マリネ液を合わせておきます。

3　小鯵は内臓とえら、ぜいこをのぞいて、ペーパーなどで水気をよくとり、塩、こしょうをして小麦粉をまぶして170度の油でこんがりと揚げます。２度揚げすると骨まで食べられるくらいカリッと揚がります。

4　３が熱いうちに１の野菜の上にのせて、マリネ液を回しかけます。10分くらいそのままおき、野菜と鯵を返して全体に味がしみるようにします。

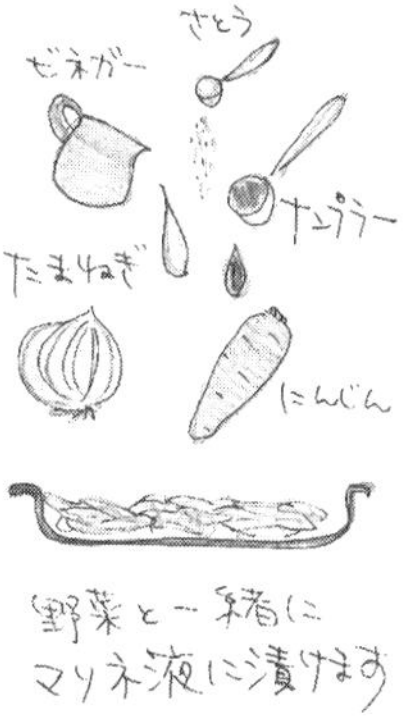

かぶのアンチョビ炒め

●材料　4人分

かぶ　4個
にんにく　ひとかけ
アンチョビフィレ　6枚
赤唐辛子　1本
オリーブオイル　大さじ3
塩、こしょう　各適量

●作り方

1　かぶは8等分くらいのくし切りに、葉は小口切りに、にんにくはスライスします。

2　フライパンににんにくとオリーブオイルを入れて弱火にかけて、にんにくが香ばしくなってきたら赤唐辛子とアンチョビを加えて、アンチョビをほぐすようにして炒めます。

3　かぶとかぶの葉を加えて、かぶがしっとりしてくるまで炒め合わせ、塩、こしょうで味をととのえます。

かぶ
アンチョビフィレ
赤唐辛子
にんにく
オリーブオイル
かぶは皮つきの
ままでもむいても
どちらもおいしい。

ほたてのカルパッチョ
実山椒ソース

●材料　4人分

ほたて貝柱（生食用）4個
長ねぎ、万能ねぎ、みょうが、しょうが　各適量
実山椒のつくだ煮、塩漬けなど　小さじ2
塩　少々
オリーブオイル　大さじ2

●作り方

1　ほたては薄切りにし、器に敷き詰めるように並べます。

2　ねぎ、万能ねぎは斜め薄切りにし、水にさらしてからよく水気をふき取ります。みょうがは小口切り、しょうがは千切りにします。

3　実山椒は粗く刻んでオリーブオイルと合わせ、塩を加えて混ぜ合わせます。

4　ほたてに2の薬味をたっぷりとのせ、3のソースをかけていただきます。

実山椒の佃煮、
粗くきざんで
オイルと塩と
合わせて
オリーブ
オイル
塩
実山椒ソースは他にたけのこ、なす、れんこん
などの焼き野菜にかけてもおいしい。

12月9日
はれ

懐かしのたまごサンド

早朝7時に集合して長野、松本のロケに出発。

新しい本の中で、私が高校生活を過ごした長野と松本の写真を入れようということになり、出かけることになりました。

長野はサイコーにいいお天気で前日にふった雪がきらきらと美しかった。空気が澄んでいるからでしょうか。寒さの具合が気持ちいいんですね。真っ青な空に真っ白な雪山がとてもはえていい写真が撮れました。何度眺めてもほっとする景色です。私の青春がギュッとつまった街をロケしながら、懐かしい思い出話をスタッフに語り、ひとり悦に入ってしまいました。

撮影のあいまに立ち寄った喫茶店で食べたサンドイッチが懐かしい味だったので記します。母の作るたまごサンドの味がしました。

たまご焼きのサンドイッチ

●材料　２人分

たまご　２個
砂糖　小さじ１　　塩　ひとつまみ
サラダ油　小さじ２
ハム　２枚　　レタス　少々
バター、マヨネーズ、からし　各適量
パン（サンドイッチ用）４枚

●作り方

1　たまごに砂糖と塩を混ぜ合わせて、フライパンに油を敷き、１センチ厚さくらいのたまご焼きを作ります。

2　パンにバターとマヨネーズ、からしを塗ります。

3　レタスを敷いてたまご焼きをのせたもの、レタスとハムの組み合わせをひとつずつ作り、切り分けます。

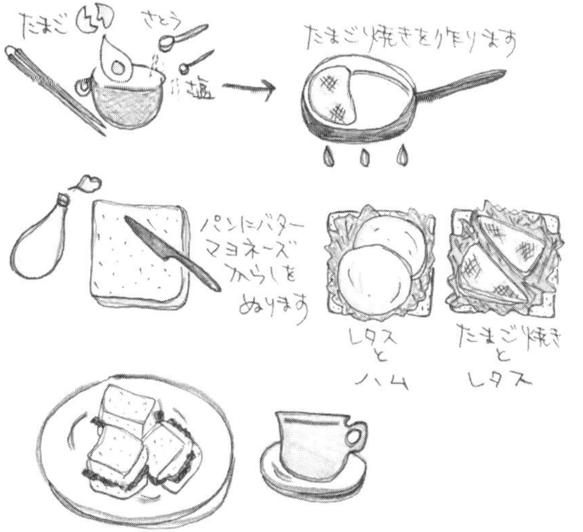

12月10日
はれ

ねぎをたっぷり食べたい夜には

東京もようやく本格的な寒さになりました。寒いのは苦手ですが、やっぱり寒さがきびしくならないと、年末年始のイベントが盛り上がりませんよね。これでようやくクリスマス気分かな。

今夜は私の友人たちが集まってのごはん会。

私もおしゃべりに加わりたいので鍋の献立にしました。長ねぎをいやっていうほど刻んで鍋に放り込みます。ねぎはすぐにしんなりして量が減ってしまうので、本当にたくさんたくさん用意します。ねぎは斜め薄切りがこの鍋にはとても合う。こんもり山のように盛りつけたときの見た目も美しいので頑張って刻みます。ねぎが主役の豚しゃぶしゃぶ。身体があったまります。

ねぎ鍋

●材料　4人分

長ねぎ　6本
豚しゃぶしゃぶ用肉　300グラム
だし　4カップ
塩　小さじ1
薄口しょうゆ、ナンプラー　各小さじ1
酒　大さじ2

●作り方

1　長ねぎは斜め薄切りにします。

2　鍋にだしと調味料を入れて煮立たせ、味見をしてしっかり味のついただしに仕上げます。

3　長ねぎと豚肉を器にセットし、あとはテーブルでしゃぶしゃぶします。

12月18日
はれ

たけのこ三昧

春に出る雑誌の撮影。たけのこづくしの一日です。このお話をいただいたとき、年内にたけのこが手に入るのだろうかと心配したものです。年明けじゃないと撮影ができないのではとも、編集者のかたに言いました。でもあるもんです。11月の終わり頃から鹿児島で早掘りたけのこっていうのがとれるのだそうです。

ただただ、感心。

前日に届いたものの中から6本をゆでておき、残り 4 本は当日ゆでかたの手順を撮るのに使いました。10本も一度にゆでますと、皮のむきかたも手慣れます。本来は年に一度か、二度ほど初ものとしていただくくらいで、しょっちゅうたけのこをゆでることなんてありませんから、どうしても皮のむき方とか、筋目の入れ方があいまいになってしまいます。でもまあ、それもまたいいものなのかな。

たけのこのゆがき方

1　たけのこはさっと軽く洗って、皮を5～6枚むいて頭の尖った部分を3～4センチほど斜めに切り落として上から筋目を入れます。こうすると火の通りがよくなるのと、皮がむきやすくなります。

2　大きな鍋にたけのこを入れ、たっぷりと水をはり、米ぬかふたつかみまたは米のとぎ汁と赤唐辛子2本を入れてゆがきます。沸騰したら中弱火に落として竹串がすっと通るまで。やわらかくなったらゆで汁ごと冷まします。

3　完全に冷めたら、皮をむいて下のかたい部分を少し切り落として、水につけて保存します。

たけのこの中華姿蒸し

●材料　4人分

たけのこ（ゆでたもの）2個
豚ひき肉　200グラム
長ねぎ　1/3本
高菜漬け（刻んだもの）1/2カップ
オイスターソース、砂糖　各小さじ2
酒または紹興酒《しょうこうしゅ》　大さじ1
ごま油　少々
片栗粉　適量　　香菜《シャンツアイ》　適量

●作り方

1　長ねぎは粗みじんに切り、ひき肉、高菜と調味料、片栗粉小さじ1を合わせてよく練り上げます。

2　たけのこを縦半分に切り、切り口に片栗粉をまぶしつけ、1の肉ダネをたけのこの目に詰めるようにしてのせ、平らにならします。

3　蒸気の上がった蒸し器に2を並べて入れ、10～12分ほど蒸します。竹串を刺して澄んだ汁が出てきたら火が通っています。

4　各自切り分け、香菜を添えます。

12月20日
はれ

おいしい味噌届く

おみそ汁の本を出して以来、まじめにだしをとっていることは以前の日記にも書きましたが、今度は味噌です。好みのお味噌を見つけてからますますみそ汁作りに熱が入りました。これまで食べてきた味噌もおいしいと思って買っていましたが、最近見つけたお味噌屋さんはバラエティにとんでいて、白味噌、赤味噌、さくら味噌、もち米味噌、完熟玄米味噌などなどいろんなタイプがあってひとつひとつ試しながら使うのが楽しいのです。それを少しずつ混ぜて作るとこれまたみそ汁の味が深くなります。

白味噌は買ってもなかなか使い切れないということをよく言われますが、毎日のおみそ汁にちょっとずつ使っているとけっこうすぐになくなります。白味噌仕立てを作ることは少ないのですが、たまに甘い白味噌の味が恋しくなる。そのときのために味噌の保存容器には必ず少量でも買い置きしています。まったくないとまたさみしい感じがするのです。

じゃがいも、とうもろこしと牛乳、バターの味噌汁

●材料　4人分

だし　2カップ
牛乳　2カップ
味噌　大さじ3～4
じゃがいも　2個
コーン缶　1/4カップ
バター　少々

●作り方

1　じゃがいもは皮をむいて6等分に切ります。

2　だしとじゃがいもを合わせて火にかけ、じゃがいもがやわらかくなったら、コーンと牛乳を入れてあたため、火を弱めて味噌をとき入れます。

3　味噌を入れたら火を止め、椀に盛りつけ、バターを落とします。

●メモ

甘めの白味噌を使うと牛乳ととても合います。このまま鍋仕立てにしてもいい。白菜やねぎを入れて煮てみてください。

ホーローの容器に
昆布でしきりを作り
2、3種類の味噌を
詰めて
保存
しています

12月24日
はれ

風邪でダウンのクリスマス

年内最後の撮影の仕事も昨日すみ、すっかりお休みモードになったとたん、風邪をひいてしまったようです。

身体はだるくないのですが、咳がコンコンと止まりません。せっかくのクリスマスだというのに、ひとりふとんの中。夫は年末年始にたっぷりとお休みをとるために事務所に缶詰め状態。

今夜はチャッピーとクロと３人で鍋焼きうどんでも食べようかな。

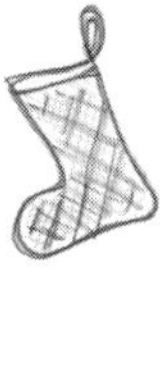

鍋焼きうどん

●材料　1人分

だし　1カップ半
しょうゆ　適量
味噌　適量
砂糖　適量
うどん　1玉
長ねぎ　適量
かまぼこ　適量
青菜　適量
揚げ玉　適量
たまご　1個

●作り方

1　小さな土鍋に1カップ半のだしをいれてあたため、しょうゆ、味噌、砂糖で味をつけてうどん玉をいれて煮込みます。

2　うどんに味がしみてきたら、長ねぎの薄切り、かまぼこのスライス、さっとゆがいた青菜、揚げ玉を加えて、最後にたまごを落として蓋をしてひと煮します。

1月1日
はれ

アロハなおせち

お正月をハワイで過ごすと決めて6年目。それまではメキシコだ、モルジブだと遠い国へ旅したこともありました。ただ30も半ばになりますと、一年に一度はじっくりとお休みしたい気分となり、旅をやめて休むことにいたしました。移動時間、気候的にも、環境のよいハワイを選び、夫とふたり年末年始を過ごすようになりました。

とはいっても、ずっと長い時間ふたりでおりますと、退屈もしますし、ときにはけんかになることもあります。なので、友人たちもひっぱり込んでのお正月。オアフ島ノースショアに一軒家を借りて、それぞれが好きなときにやってきて、帰っていく。空港にお迎えに行くこともなければ、送っていくこともしない。みんなが自由に好きなときに寝て、食べて、そしていつも目の前には真っ青な海が広がってる。サイコーです。

ここでは私はまったくごはん作りには参加しません。夫に準備から片付けまですべておまかせ。ふだんほとんど台所に立つことがないのですが、広くて、高さがあるアメリカのキッチンはとてもやる気になるのですって。なので私がすることといったらひたすら寝ている。ぼぉっと空や海をながめ、本を読み、うとうと。喉が乾いてビールを飲んではうとうと。頭も身体もとけていく感じ。これに飽きたら東京に帰ろうって思うのです。

とはいっても、元旦の朝食だけは私が担当しました。東京から栗きんとん、かまぼこ、雑煮のおだしのあごを持ってきました。あごだしとハワイのとり肉のおだしを合わせて、雑煮を作り、根菜とひじきでお煮しめ、いくらをのせた煮卵と、アロハなおせちで乾杯です。

アロハ雑煮

●材料　4人分

あご　2本　　鶏もも肉　1枚
クレソン　1束
かまぼこ、ゆず　各少々
ナンプラー、塩、しょうゆ　各適量
切り餅　8個

●作り方

1　あごと6カップの水を合わせて一晩おきます。

2　鶏肉を一口サイズに切って、1に加え、火にかけて沸騰してきたら弱火にして20分ほど煮ます。アクをていねいに取っておきます。

3　クレソンは3センチの長さ、かまぼこは薄切り、ゆずの皮は薄くむきます。

4　餅は好みでオーブントースターなどで焼きます。スープに直接入れて煮てもいいです。

5　2のスープにクレソンの茎だけを入れてひと煮し、塩、ナンプラー、しょうゆで味をととのえ、器に餅を入れ、スープをはって、クレソンの葉とかまぼこ、ゆずの皮をあしらいます。

餅を焼きます。

かまぼこ
ゆずの皮
クレソンの葉
カフェオレボウルに盛りつけました。

1月3日
はれ

空の下で散髪と白髪染め

昨年夏にかけたパーマのために髪がとても傷んでしまいました。結果シャンプーのときにも、もちろん乾いていても髪がからまり、ブラシも通らない状態。せっかく気持ちよくハワイの風にふかれていても髪が気になってしかたがない。

思いきってこんがらがった部分をばっさりと切ってしまいました。15センチは切ったでしょうか。眉用のちっちゃなはさみしかなかったので、かなり毛先はバランバランになりましたけれど、すっきり。ついでに前髪にちょろちょろと出はじめた白髪も染めて、ハワイアンスタイル完成です。

今年は40さい。
白髪だって気になります。

1月6日
くもりのちはれ

カリカリポテトにはまる

今回のハワイのお休み中、一番たくさん食べたのがカリカリポテト。これは年末の東京から無性に食べたかった味で、ハワイのキッチンでは毎日のように作りました。かためにゆでた皮つきのじゃがいもを1センチの輪切りにして、たっぷりのオリーブオイルでカリッと焼きます。にんにく風味にしたり、ローズマリーで香りをつけたり、岩塩だけで食べたり、ケチャップをつけたり。凝り出すと何度も何度も続けて食べたいと思うのはどこにいてもおんなじです。

ハワイはお肉料理っていうイメージがありますが、野菜がとても新鮮です。日系のかたが多いからでしょうか、日本のなじみの野菜も多く、なんでも手に入ります。特にクレソンは茎が長くてやわらかくておいしい。おひたしにしたり、サラダにしたり、スープの具にしたりとカリカリポテトの次にたっぷり食べた野菜です。

カリカリポテト

●材料　２人分

じゃがいも　２個
にんにく、ローズマリー　あれば各少々
オリーブオイル　大さじ３～４
塩、こしょう　各適量

●作り方

1　じゃがいもは皮ごとよく洗って水からゆがいて、串が通るくらいになったら、水気をきって輪切り、またはくし切りにします。

2　にんにくはつぶしてオリーブオイルと合わせて弱火にかけます。にんにくがこんがりとしてきたら取り出し、じゃがいもを入れて表面にこんがりと焼き色をつけてカリッと香ばしく焼きます。

3　焼き上がりにローズマリーを加えて風味をつけ、塩、こしょうを振ります。

1月15日
はれ

初仕事の日

こんなにのんびりと仕事を再開しているのは私だけでしょうか。どうかおゆるしください。お休みした分これからはしっかりと働きます。

さて今年の私のテーマは「すっきりとした暮らしと旅」。旅は昨年から引き続きの課題です。半日でも時間ができたなら外へ出てみようと。思いきってお出かけすること。昨年は京都へ行くことが多かったかな。今年は屋久島にも行ってみたいし、久しぶりに讃岐でうどんも食べたい、北海道をドライブしてみたい。どこまで行けるでしょうか。

すっきりとした暮らしは永遠のテーマ。昨年フリマに服や靴を大量に出し、本を片付け、器を譲りと、モノであふれていた部屋のなかを少し見直しましたので、とっておきたがりを完全に卒業できたらいいなと思います。

今日の夕飯は撮影の残りもの、むきあさりを使って深川どんぶりを作りました。

深川丼

●材料　２人分

あさりのむきみ　200グラム
長ねぎ　10センチ
しょうが　ひとかけ
味噌　大さじ1
だし　１カップ
しょうゆ　少々
ごはん、海苔　各適量

●作り方

1　あさりのむきみは水洗いして水気をきっておきます。長ねぎは小口切り、しょうがはみじん切りにします。

2　だしをあたためて、味噌を溶き入れ、しょうがとむきみを入れてひと煮します。長ねぎを合わせてしょうゆで味をととのえます。

3　どんぶりにごはんを盛りつけ、汁ごとむきみをのせて刻み海苔をあしらいます。

みそ
だし
あさり
長ねぎ
しょうが
あさりを
煮すぎないこと。
長ねぎ、しょうがの
風味も大切にして。
ちょっとお行儀
悪いけど、
ざざっと
かっこむ。
うま〜い!
炊きたての
ごはんに
たっぷりとあさりをのせて
海苔をあしらいます。

1月25日
はれときどきくもり

新年会　その1

自宅での新年会。夫の友人が集まりました。

今日は昼間撮影がありましたので、前日にゆで豚を作りおきしておき、当日届くよう手配しておいた取り寄せものなどをうまく組み合わせて献立を考えました。

時間に余裕がないときには地方のおいしいものが助けてくれます。うちには分厚い取り寄せノートなるものがあり、そこにはお土産にいただいたおいしいもの、旅先で見つけた名産品などのメモやお店のカード、包装紙の切り端がはさんであります。定期的に取り寄せている調味料や食材があったり、季節ごとの味をもとめることもあります。夏や年末のお使いもののときにそのノートを開くこともあります。ときどき眺めてはよだれが出てしまうくらい、いっぱい大好きな味がつまっている大切なノートです。

夕方届きましたのは京都のお漬けもののセットと北海道厚岸のかき。これさえあればの私の冬のおもてなしアイテムです。

ゆで豚のトルティーヤ巻き

●材料　４人分

豚肩ロースかたまり肉　500グラム
長ねぎの青い部分、しょうがの皮　少々
レタス、貝われ菜、大根、にんじん、香《シャン》菜《ツァイ》などの生野菜　各適量
味噌　大さじ３
砂糖　小さじ１～２
しょうゆ　少々
にんにく、しょうがのすりおろし　各少々　　マヨネーズ　大さじ２
市販のトルティーヤの皮　適量

●作り方

1　豚肉とたっぷりの水、長ねぎの青い部分、しょうがの皮を鍋に入れて火にかけ、沸騰してきたら中弱火にしてアクをとりながら40分ほどゆで、ゆで汁ごと冷まします。

2　野菜は貝われ菜と香菜以外は千切りにし、冷水につけてパリッとさせて、よく水気をきっておきます。

3　調味料とにんにく、しょうがのすりおろしを合わせてみそダレを作ります。

4　肉を取り出して１センチ幅に切り分け、ゆで汁のなかに戻してあたためます。

5　生野菜とあたためた肉、みそダレを盛りつけて、さっとオーブントースターであたためたトルティーヤの皮を添えます。好みでトルティーヤにみそダレを塗り、野菜と肉をはさんでいただきます。

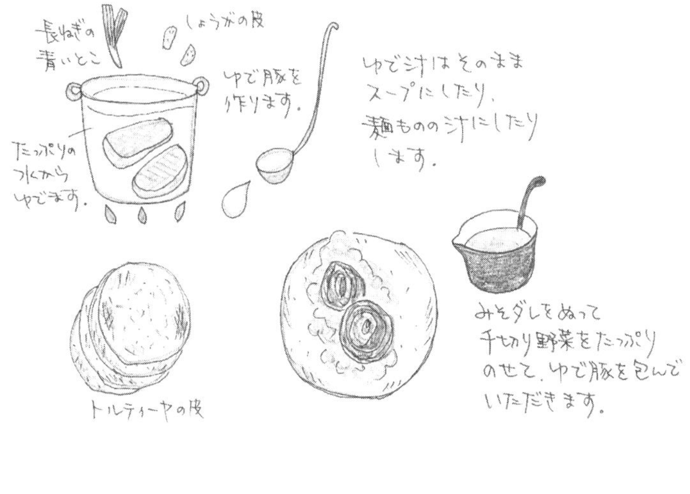

1月27日
くもり

新年会　その2

今日は私の友人たちとのごはん会。みんな一品ずつ持ち寄りで、集まりました。

前もって献立のテーマをイタリアンと決めておき、ひとりはチーズのオードブルを、ひとりはサラダ、ひとりはパスタ、といった具合に分担し、メイン、デザートとそれぞれが用意します。ある程度ソースなどの準備をしてきて、パスタをゆでたり、肉を焼いたりする仕上げはうちの台所で作ります。

今日一番のお気に入りはソーセージのサラダでした。これはブラジル放送に勤めている友人が作ってくれました。ブラジルのかたが大好きなサラダなんだそうです。ちなみに私の担当はデザート。手抜きのようですが、味はばっちりなんですよ。

ソーセージのサラダ
バルサミコソース

●材料　４人分

サニーレタス、ロメインレタスなどの葉野菜　１個
ソーセージ　４、５本
塩、黒こしょう　各適量
オリーブオイル　大さじ２
バルサミコ酢　大さじ３〜４

●作り方

1　レタスは食べやすい大きさにちぎって、冷水につけてパリッとさせてから水気をしっかりと取ります。

2　ソーセージは小口切りにし、オリーブオイルでしっかりと炒めて、塩、こしょうで味つけし、熱いうちにレタスと合わせます。

3　バルサミコを熱して、とろりとなるくらいに煮つめて、アツアツをじゅっとレタスとソーセージにかけて、混ぜながらいただきます。

●メモ

バルサミコをあたためると甘みが出て、塩、こしょうしたソーセージによく合います。

いちごのグランマニエ和え

●材料と作り方

いちごはへたを取って、縦４等分に切り、ボウルに入れます。グランマニエをかけて和え、冷蔵庫で冷やします。いちごの甘みがぐっと出ておいしくなります。

パリッとした
レタスをどっさり山盛りに♡
ソーセージ
アツアツの
ソーセージを
レタスにのせて
レタスが
ちょっとしんなり
して量が
減ります。
さらに
アツアツの
バルサミコを
かけると、レタスが
さらにしんなりとして
食べやすくなります。
すぐにまぜて食べてくださいね♡

1月30日
はれ

ごちそう続きのあとは

最近必ず冷蔵庫にあるもの。

にんじんの塩もみとしょうゆ漬け。

にんじんがちょっと余ったとき、乱切りにして塩をさっと合わせておく、しょうゆに漬け込む、それぞれ保存容器に入れて冷蔵庫に放り込んでおきます。そのままボリボリガリガリかじってもいいし、細かく刻んでじゃこと一緒にごはんに混ぜてもおいしい。ビールのつまみにもとても合います。

ほかの野菜でもいいと思いますが、うちではにんじんが案外冷蔵庫のすみで残っていることが多いので、よく作っておくのです。

やっと新年会もすみ、仕事のペースもあがってきたので、そろそろ我が家の大そうじ。年末は何しろ忙しすぎてやる気にならず、年始は絶対にのんびりしたい。そうなると大そうじは年明けというのが恒例になりました。まずは、カーテンの洗たくと、床のワックスかけ、窓ふきからはじめましょうか。

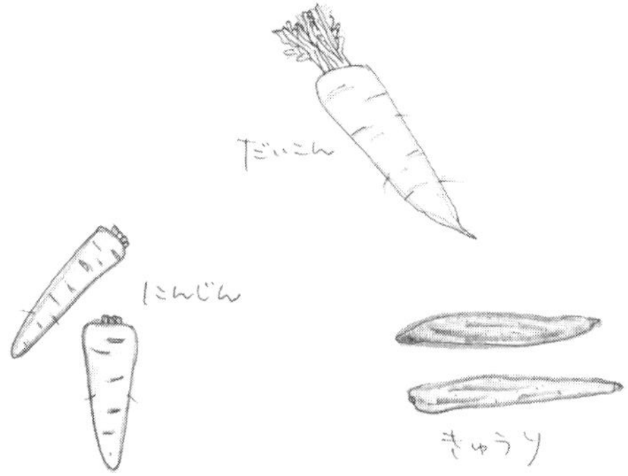
だいこん
にんじん
きゅうり

だいこんは葉っぱやしっぽのほうが
よく残るので塩漬けに。しっぽは
はちみつ漬けもおすすめ。きゅうりは
塩やしょうゆと合わせます

塩を
パラパラっと
うちでは
にんじんは
皮ごと
食べます。
しょうゆ漬け
梅じょうゆを使って
漬けることもあります。

2月1日
はれのちくもり

ニューレシピ

毎日ごはんを作っていると、ときどき新しい発見があります。それは素材や調味料の組み合わせのおもしろさだったり、新しい調味料を使った時。発見っていっても、そんな大げさなことではないんですけどね。ただ思う材料が手元になくて、あるもののなかで料理していると小さな喜びがときどきあります。そんなささやかな台所時間があるから、ずっとごはん作りは続けられるのかもしれません。

今晩のごはんはぎょうざ。ぎょうざと決めた日は、ぎょうざのみで他におかずを作りません。ひたすらぎょうざを包んで焼きます。冷凍分も作りますから、たっぷりの皮と向かい合います。最近凝ってるのはプレーンな肉野菜の具にプラス、チーズや高菜、紅しょうがといった薬味的なものを一緒に包むことです。

たまにそんな味の変化があると、舌が刺激されてモリモリと食べられます。今日は香菜と梅干しという薬味も加わりました。これがかなりのヒット。香菜の香りと梅のやさしい酸味がとても大好きな味となってくれたのです。

なぜ香菜に梅干しだったのか。夫が香菜が苦手なので、香菜入りには梅干しの赤い色を入れて、目印にしたのです。ほんとは夫にもぜひ香菜梅干しぎょうざ、食べてもらいたいんですけどね。

野菜たっぷり焼きぎょうざ

●材料　皮２袋分

豚ひき肉 250グラム　玉ねぎ 1/2個
セロリ　1本　キャベツ　1/3個
にら　1束　しょうが　ふたかけ
塩　適量　ぎょうざの皮　2袋
しょうゆ、中華だしの素　各小さじ2
ごま油、片栗粉　各大さじ1
サラダ油　適量
高菜、チーズ、しその葉、香菜《シャンツァイ》、梅干し　適宜　レモン　適量

●作り方

1　玉ねぎ、セロリ、キャベツは粗みじんに切り、にらは小口切り、しょうがはみじん切りにし、塩小さじ2をまぶしてしばらくおきます。

2　1がしんなりしてきたら、水気を出すようにもんで、しっかりとしぼってボウルに入れ、ひき肉、調味料を加えてよく練り合わせ、皮に包みます。包むときに基本のタネ＋高菜やチーズなどを好みで一緒に包みます。

3　熱くしたフライパンにサラダ油をひき、ぎょうざを並べ、中火で焼きます。

4　底に焼き色がついてきたら、湯を入れ、しっかりと蓋をして強火で蒸し焼きにします。

5　水気がなくなってきたら中火に落として、蓋を取り、しっかりと水気を飛ばします。最後にほんの少し油を入れ、底面に焼き色をしっかりとつけて出来上がりです。

●メモ

しっかりとタネに味がついている場合はたれいらず。レモンをしぼるだけで十分おいしいですが、好みで酢じょうゆやラー油などをつけて召し上がってくださいね。

2月5日 はれときどきくもり

チューリップとヒヤシンス

鉢植えのチューリップとヒヤシンスをいただきました。チューリップはほぼ花が開いていて満開。ヒヤシンスは花芽が緑にふくらんでいて、これからどんな色をつけていくのか楽しみです。うちのベランダのプランターに植えた球根はまだまだ芽も出ていないのにね。温室で育った鉢はもうすっかり春です。

2月に入って、東京はとてもあたたかです。もうこれで冷え込むことなく、春になってしまうのかな。寒いのは苦手ですが、ぐっと冷え込む寒さがあってこそ、春のぽかぽかっとしたやさしく纏《まと》うような空気がうれしく、ありがたく感じます。

クロは毎日外へ出かけては乾いた土の上でごろごろと身体をこすりつけて春を楽しんでいます。チャッピーは窓辺でぽっかぽかのひなたぼっこ。

外のチューリップは
ほんの少し芽を出したところ.

2月10日
はれのちくもり

ニューレシピ　その2

今月はとても舌が冴えているのか、花粉症対策でほとんど外へ出かけないためにうちの冷蔵庫がすっからかんなせいなのか。また新たな味の発見がありました。

あるもののなかで組み合わせたニューグラタンの誕生です。もうこれが笑ってしまうほど簡単で、でも小躍りしたくなるほどうまい。味だしのコンビーフのおかげかな。主役の里いもが、もっちり、やわらかくておいしかったのもよかった。

じゃがいも、さつまいも、長いものグラタンに続き、里いももグラタン素材に加わりました。

余談ですが、先日20代の若い女性の編集者のかたと仕事をしたときのこと。レシピの提案のときにコンビーフ缶を材料にあげたら、「コンビーフって何ですか」という質問。彼女たち世代は肉の缶詰といえばスパムらしいのです。使う食材で年齢がわかるようになる日も近いですね、きっと。

里いもグラタン

●材料　2人分

里いも　大きいものなら3個
コンビーフ　100グラムくらい
生クリーム　大さじ3～4　ないときはコンソメスープで代用
粗びき黒こしょう　適量
溶けるチーズ　適量

●作り方

1　里いもは皮をむいて、耐熱皿に並べ、ラップをして串がすっと通るくらいまでレンジにかけて加熱します。5～6分を目安にチンします。

2　コンビーフは1センチ角に切ります。

3　やわらかくなった里いもを1センチ幅の輪切りにし、耐熱皿に並べ、その上にコンビーフをのせ、こしょうを振ります。

4　生クリームをかけて、チーズをたっぷりとのせて、オーブントースター、またはオーブンで10分ほど焼きます。チーズがとろりととけて、まわりにこんがりと焼き色がついたら出来上がり。

2月14日
はれ

バレンタインに髪を切る

さらに髪を切りました。一度短くすると、襟足とか、前髪とか、長さがとても気になるものですね。今日は鏡の前にすわったとたん、思いっきり切りたいって衝動にかられて、ブラシいらずの完全ショートにしました。夫からは猿みたいだと言われ、ちょっとやさしい友人たちにはモンチッチと呼ばれ、でも私は結構気に入っているのです。

バレンタインに髪を切るなんて、失恋した高校生みたいで、ちょっとおセンチな気分にもなったりしてね。

きょうは夫が夕方からサーキット入り。ひとり、はまぐりの蒸し焼きをして、ちょっと甘めの白ワインをあけての夕食です。

はまぐりの蒸し焼き

●材料　２人分

はまぐり　12個くらい

パセリ（刻んだもの）大さじ１

にんにく　ひとかけ

ケーパー　小さじ２

プチトマト　５〜６個

オリーブオイル　大さじ２

●作り方

1　はまぐりは塩水につけて砂出しし、殻を擦り合わせるようにして洗っておきます。

2　にんにくはつぶして、パセリはみじん切りに、ケーパーは軽くたたいて、プチトマトは縦４等分に切ります。

3　鍋にオリーブオイルとにんにくを入れて中弱火にかけて、にんにくを炒めます。こんがりと色づいてきたら、水気をきったはまぐりを入れ、オイルをからませたら、蓋をしっかりとして中火で蒸し焼きにします。

4　はまぐりの口が開いたら、パセリとケーパー、トマトを入れてひと混ぜしたら出来上がり。

●メモ

なかなか貝の口が開かない場合は水または酒、白ワインなどを少量加えてみてください。

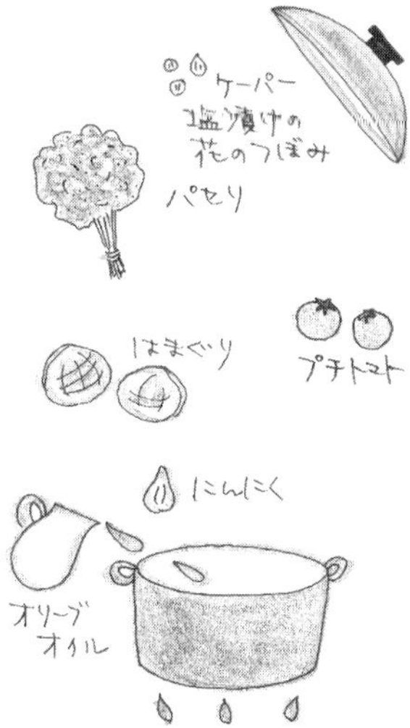

2月20日
はれ

おひたしのすすめ

この日記にも何度となく書いてきましたが、まじめにおだしをとっていると、毎日の汁ものやおひたしがぜいたくなごちそうになります。とくにおひたしはただかつおぶしをかけて、おしょうゆをちょろりというのもおいしいですが、野菜にしっかりとだしの味がしみたものは箸休めでなく、ごはんのおかずになりますね。

最近よく作るのはにら、クレソン、パプリカ、菜の花のおひたし。それぞれ少しずつ味をかえて味わいます。夫はマヨネーズとしょうゆの組み合わせが好み。私は最近ナンプラーの味にはまっています。

野菜はゆでるだけでなく、焼いてみると、また違った味わい。かつおぶし、ごま、のりなどの添える薬味もそのつどかえて。

おひたしの懐の深さをしみじみ感じながら、今日もおだし作りからはじめます。

基本のおひたしのだし

●材料と作り方

1　だし１カップに対して小さじ1/2の塩、小さじ１の薄口しょうゆを合わせておきます。

2　１にゆがいて水気をしっかりとしぼった野菜、または焼き野菜を漬けて味を含ませます。しっかりと味がしみるまで30分くらいは漬けておきましょう。

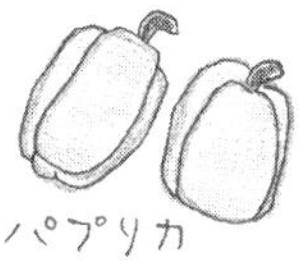
パプリカ

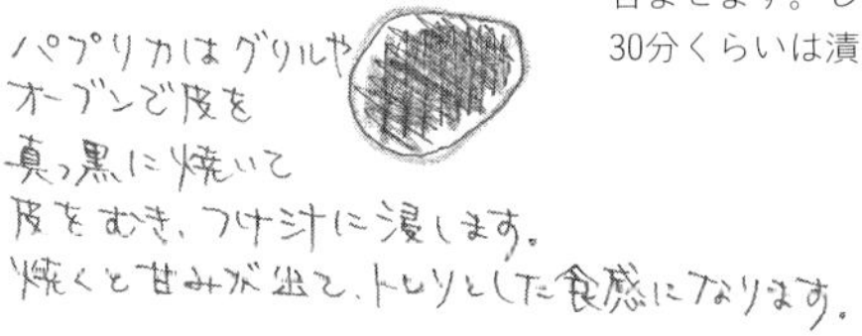
パプリカはグリルや
オーブンで皮を
真っ黒に焼いて
皮をむき、つけ汁に浸します。
焼くと甘みが出て、トロリとした食感になります。

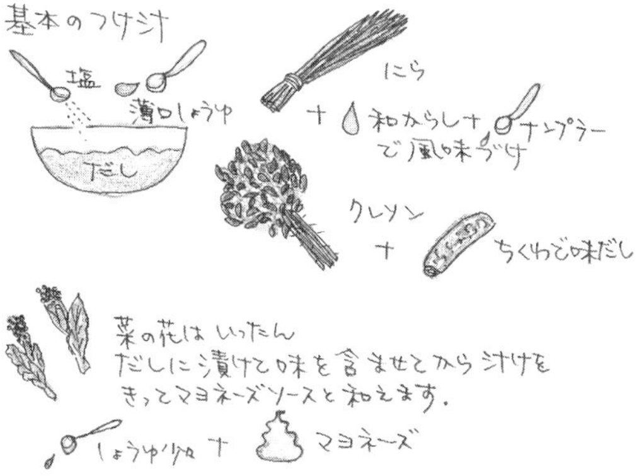
基本のつけ汁
塩
薄口しょうゆ
だし
にら
＋ 和からし＋ ナンプラー
で風味づけ
クレソン
＋ ちくわで味だし
菜の花はいったん
だしに漬けて味を含ませてから汁けを
きってマヨネーズソースと和えます。
しょうゆ少々 ＋ マヨネーズ

2月23日
はれのちくもり

春のおもてなし

今日は10人ほどのお客さまがある日。夫の仕事関係のかたがいらっしゃるので、少し緊張して準備がはじまりました。朝、掃除や洗濯のあいまに、鹿児島から取り寄せた早掘りたけのこをゆで、仕事の雑用をすませて、買い物に。本日の献立はこんな感じ。まったく時間のかからないものばかりですが、器に助けてもらって、盛りつけを少しだけ豪華にしてみました。牛たたきは大きな黒い塗りの角皿に、おすしの具材は平らなかごに葉らんを敷いて、その上に刺身をのせ、小さな器をのせて薬味や塩をあしらいました。ひとつだけ季節先取りのたけのこを入れたことで、ぐっと春らしいおもてなしに。ひと足早いたけのこのえぐみがいきたようです。ワインが12本あきました。久しぶりにボトルが並んだ、並んだ。気持ちいいです。

・クレソンのおひたし
・焼きアスパラのおひたし
・牛たたき　薬味いっぱいのサラダ仕立て
・長いもと里いものグラタン
・たけのこの炭火焼き　実山椒ソース
・たけのこの姫皮きんぴら
・とろとろ白菜の鶏スープ
・手巻きずし
・いちごとくずもち
・抹茶とコーヒー

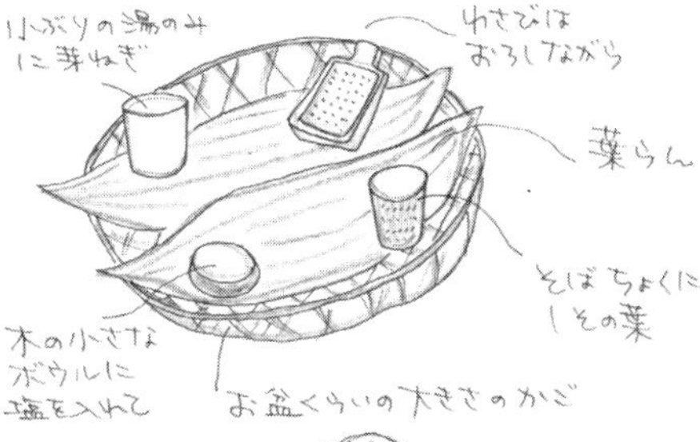
小ぶりの湯のみ
に芽ねぎ
わさびは
おろしながら
葉らん
そばちょくに
しその葉
木の小さな
ボウルに
塩を入れて
お盆くらいの大きさのかご

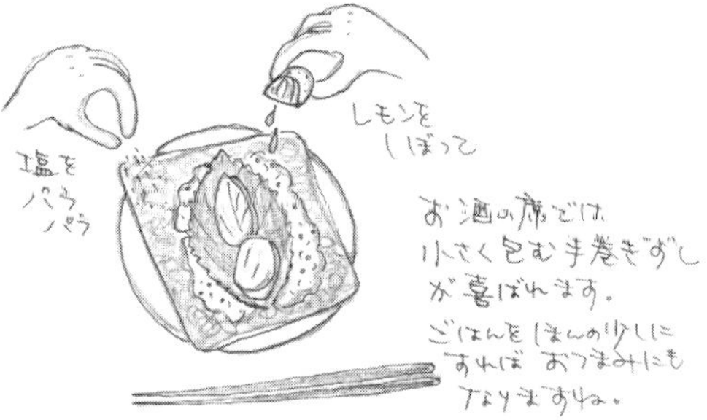
レモンを
しぼって
塩を
パラ
パラ
お酒の席では
小さく包む手巻きずし
が喜ばれます。
ごはんをほんの少しに
すれば おつまみにも
なりますね。

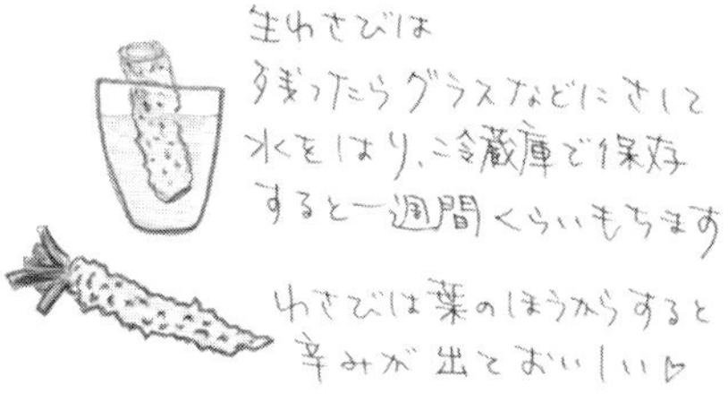
生わさびは
余ったらグラスなどにさして
水をはり、冷蔵庫で保存
すると一週間くらいもちます
わさびは葉のほうからすると
辛みが出ておいしい♡

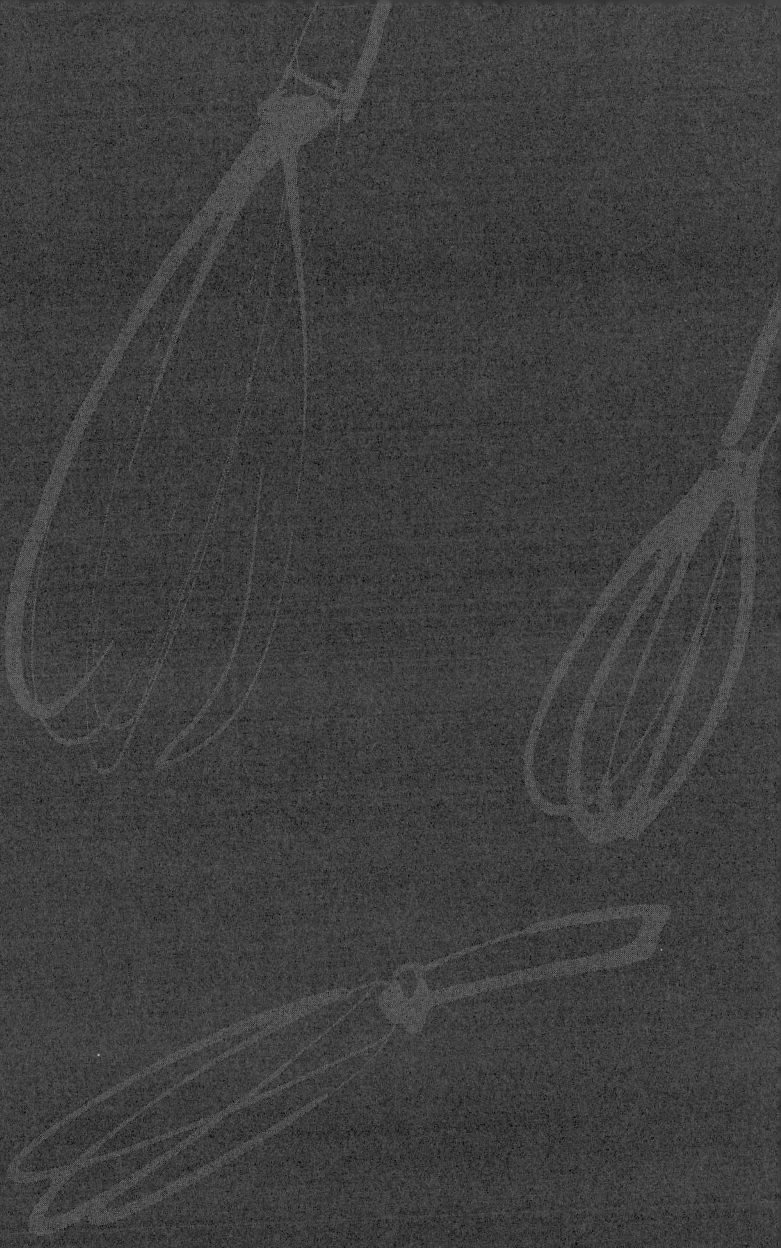

春

3月1日
くもり

みかんの皮とみかんの砂糖漬け

先月上京していた母がベランダにみかんの皮を干して帰りました。そのときに私がちょっと風邪をひきかけていたことを気づかってくれて、お風呂にみかんの皮を入れて入るとすごく体があたたまるからと。ありがたい。もう40にもなる娘のことをいまだに心配している母。
みかんの皮はまだお風呂の中でふやけることなく、カランカランに乾いた姿をただしみじみと眺めている毎日です。

私の風邪対策はというと、一番はうがい。みかんやきんかんを食べる。おろししょうがとレモン、はちみつを熱湯で割ったものを飲む。ちょっと辛めのカルビスープと焼き肉、焼きにんにくを食べる。ちょっと寒けがするときは、足湯と胸と背中にホカロンをはる。プロポリスをなめる。これだけすればなんとかのりきれますよね。

みかんの砂糖漬け

みかんや、グレープフルーツを袋で買うとなかなか食べきれないことがあります。そんなときは皮と薄皮をむいて、砂糖と合わせて冷蔵庫で保存します。手軽に食べられる状態にしておくと、案外すぐに食べてしまうのです。

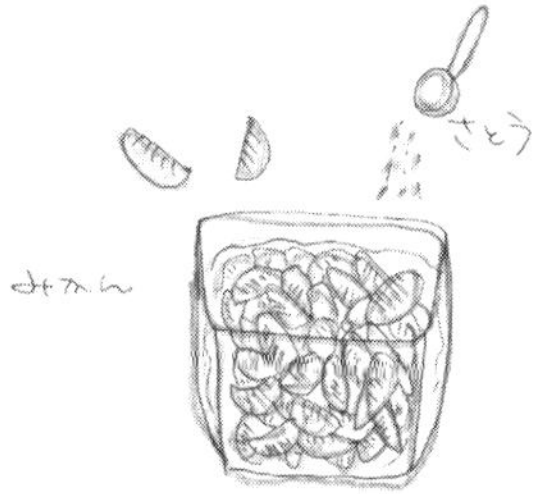
さとう
みかん

ひと晩おくと果汁がじんわり
しみ出してきて、しっとりとした
味になります

3月3日
はれ

おひなさま

毎年かかさず作ってきたひな祭りの日のちらしずし。今年はどうにも仕事のやりくりがうまくいかずにおすし作りをお休みすることにしました。そんな話を友人の谷村志穂さんにしたら、じゃあ今年は私が担当しますということになり、今夜は志穂さんのおうちにごはんを食べに出かけました。

よかった。おすしを作る、作らないにかかわらず、この日におひなごはんを食べはぐれることが一番かなしい。志穂さん、遠慮なくいただきます。献立はかなり豪華なものでした。たいへんだったろうなと思いつつ、食べるだけ食べて大満足。

・漬けもの、チーズ、フレッシュ野菜のオードブル
・里いもの白煮
・れんこんとゆばの甘辛煮
・豚バラ肉の梅蒸し
・栗入り茶わん蒸し
・いなりずし
・グレープフルーツのゼリー

せめてデザートくらいはと、ゼリーを作ってうかがいました。

グレープフルーツのゼリー

●材料　4〜5人分

グレープフルーツ　4個
板ゼラチン　5グラム
和三盆、ライチのお酒　各適量

●作り方

1　ゼラチンを水に浸してふやかします。

2　グレープフルーツの皮をむいて、ひと房ごとに実を切り出し、残った薄皮はしぼって果汁をとり、実と合わせて鍋に入れます。

3　鍋に和三盆と酒を加えて味をととのえ、やわらかくなったゼラチンを水気をきって加えます。

4　鍋を弱火にかけて、静かに煮て、ゼラチンが溶けたら、バットや型に移して冷まし、冷蔵庫で冷やします。

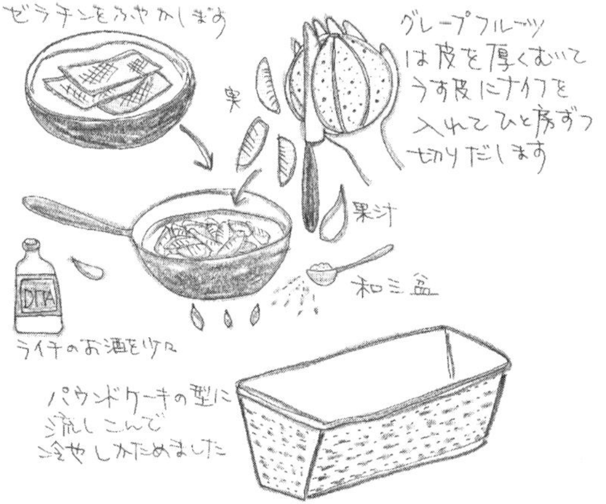

3月10日
はれ

春うらら

桜の開花予想がこんなにもはやく出ていいのだろうか。あったかすぎる。もう衣替えでもしなくてはと思うくらいのいきおいがあります。

思えば私が学生の頃には桜の時期は、入学式の日に桜が散る中での記念写真というのが定番であったような気がします。少しずつ季節がずれているのですね、きっと。

麗らかな陽気にクロとチャッピーは体をのびのびとさせて、ひなたぼっこ。そういえば最近クロはパソコンのそばでもよく寝ます。ときどきしっぽや前足でキーをたたき、警告音が響き、画面には「&#!!＊@zehda」というようなめちゃくちゃな文字が並びます。大切な仕事道具なんですから気をつけておくれ、クロ。

夕飯は無性にバターごはんが食べたくなって、大急ぎでごはんを炊き、漬けものを切り、豆腐のおみそ汁を作って食べました。

べ〜ん

3月15日
くもりのちはれ

豆腐と納豆の日々

夫が突然豆腐と納豆を毎食食べると宣言。健康にいいとか、ダイエットのためだとか、きっといろんな理由があるのでしょうが、はっきりとしたことはわからぬまま、豆腐と納豆の日々がはじまりました。

続けるうちにひとつ納豆やさんにお願いしたいことができました。ひとパックの量が少ないことです。ひと家族の人数が少なくなったことで、小さなパックで売られるようになったのでしょうが、毎食その小パックを3つ食べてしまう夫にとってはけっこう面倒なことのようです。1人分ではなく、4人分くらいのパックがあったらいいなと。

幼い頃は、もう少し大きな納豆のパックだった記憶があります。それを大きなどんぶりに入れ、納豆を混ぜるのが楽しかったのを思い出します。そう、夫が納豆はねばねばが白っぽくなるまでかき混ぜたほうがうまいと言っていました。味がまろやかになるそうです。

納豆と豆腐に飽きた私は、もっぱら最近は豆乳スープでおつきあい。おだしやコンソメによく合います。

豆乳野菜スープ

●材料　４人分

じゃがいも　１個　にんじん　1/2本
玉ねぎ　１個
ベーコン（できればかたまりのもの）50グラム
コンソメキューブ1/2個
塩、こしょう　各少々
豆乳　４カップ

●作り方

1　ベーコンは５ミリの角切りに、じゃがいも、にんじん、玉ねぎは１センチ角に切ります。

2　鍋を熱してオイルなしでベーコンを炒めます。ベーコンから脂が出てきたら、野菜を入れてひと炒めし、１カップの水とコンソメを入れて蓋をし、野菜がやわらかくなるまで煮ます。

3　豆乳を加えて塩、こしょうで味をととのえます。

3月20日
あめ

無性に食べたくなる厚切りパン

バターごはんに続き、今日は無性にたっぷりとバターを塗った厚切りトーストが食べたくなり、朝早くから焼きたてを売っているパン屋さん、田園調布のカイザーへひと走り。ふだんはかなりのごはん党なのですが、ときどき厚切りパンをむしゃむしゃとかじりたくなる。

思えばうちではパンは月に一度くらいしか食べないかもしれません。だからなのかな。食べたいと思うときにはおいしいパンをもとめて走ってしまうのです。

厚切りトーストのお供はコーンスープ。私はクリーム缶で作るドロッとしたタイプが好きです。

一日雨模様。花粉を気にせず窓をあけてそうじでもしようかな。各部屋の白トビラ。よーく見ると黄ばんでる。今日はふきそうじに徹してみよう。元の白さが目にしみました。反省です。

コーンスープ

●材料　2人分

コーン缶（ホール、クリームはお好みで）200グラムくらい
玉ねぎ　1/2個
豆乳または牛乳　2カップ
バター　大さじ1
塩、こしょう　各適量

●作り方

1　玉ねぎは粗みじん切りにし、バターで炒めます。

2　しんなりしたら、豆乳、または牛乳を加え、コーンを入れます。

3　フツフツとあたたまってきたら、塩、こしょうで味をととのえます。

バターをのせて
トースターで
こんがり焼きます
はちみつや メイプルシロップ
をかけてもおいしい
今日は 黒こしょうをカリカリっと粗くひいて
かけました

3月25日
くもりのちあめ

麻好き

季節を問わず麻のブラウスやパジャマを着ているくらい麻が大好き。30をすぎてからはハンカチも麻にかえたほど。最近はシーツやピロケース、エプロン、バスタオルなど、麻ものを見つけると、ワクワクします。バスタオルはかなりはまって、今まで使っていたパイル地のものを処分してしまったほど。使うほどに肌になじんで、やわらかく、あったかくなっていくのがうれしい。丈夫なところも麻好きになった理由のひとつです。

今日はお昼に高菜とじゃこの炒飯を作りました。どちらも残りもので、冷蔵庫のすみにあったものを出して炒め合わせただけですが、ほどよい塩気がごはんにしみておいしかった。味だしになる、高菜、ザーサイ、じゃこ、梅干しの類はうちの冷蔵庫にかかせないものです。

高菜とじゃこの炒飯

●材料　2人分

高菜漬け　刻んだもの大さじ3
ちりめんじゃこ　大さじ3
たまご　2個
ごはん　どんぶり2杯分くらい
サラダ油　大さじ2
塩、しょうゆ　各適量
白ごま　適量

●作り方

1　たまごを割りほぐしておきます。

2　フライパンを熱してサラダ油でたまごを炒めます。半熟くらいになったら、ごはんを加えてよく炒め合わせます。

3　高菜、じゃこを合わせて、さらに炒め合わせて、全体がパラパラにほぐれてきたら、塩、しょうゆで味をととのえ、ごまをたっぷりと合わせます。

●メモ

冷凍や冷やごはんの場合はレンジでチンしてほんのりあたためておくこと。

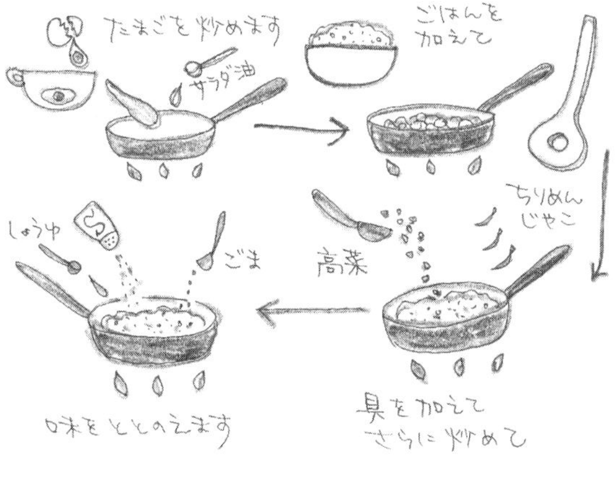

3月29日
はれ

桜咲く

開花予想が出た翌週はかなりお天気が悪く、雪も舞うくらいに冷え込みました。おかげでふくらみかけた桜のつぼみがキュッとかたくなってしまったのです。やっと今週になって、少しずつ花が開いてきましたが、近所の公園の桜はへそをまげたらしく、例年のように一気に満開になりません。木の上のほうはつぼみのまま終わってしまうかもしれないくらい元気がありませんでした。花冷えとはよくいったものです。

洗足池の公園で花見をしました。屋台でちょっと燗酒をいただき、うちで飲み直すというのが恒例です。

おなかがすいたという男性陣のために、パイシートでささっと簡単なピザを作り、そのあいだにハムやチーズのオードブルやサラダやパスタの準備をして、宴の再開です。

パイシートで作る簡単ピザ

●材料　4人分

市販の冷凍パイシート　2枚

アンチョビフィレ　6～8枚くらい

トマト　1個

ルッコラ、オリーブオイル　各適量

●作り方

1　パイシートにアンチョビフィレをほぐしながら、全体にのせて、200度のオーブンで15～20分焼きます。

2　トマトは種をとって小さく角切り、ルッコラは3センチ長さくらいに切ります。

3　パリパリに焼けたパイに、トマトとルッコラをのせて、オリーブオイルを少々たらします。

アンチョビフィレ
オリーブオイル
anchovy
トマト
ルッコラ
アンチョビの
塩けだけで
十分おいしい.
トッピングはお好みです
ソーセージやちりめんじゃこを
のせて焼くのも好きです

4月5日
はれ

京都で花見

半年も前から京都嵐山吉兆を予約していました。私にしてはとても早めの計画だと思うのですが、このような時期の予約はもう1年前からだったり、毎年恒例にしているというかたが多いとうかがいました。

でもですね、今年のように花見の時期が予想以上にのびたり早まったりしたときはどうするのだろう。私たちもそれはそれはやきもきしていました。3月の中旬には開花宣言があったからです。そのときには京都へ行くころにはもう葉桜だと決め込んでいました。それがどういう訳か開花の声が聞こえたとたん、寒気がやってきて、ふくらみかけて桜がまたちぢこまってしまってたのです。おかげでもうそれはそれは京都の桜はサイコーでした。満開の桜もあれば花びらがさらさらと散っている桜もあって、花吹雪のなかのお散歩も気持ちがよかった。吉兆での優雅な夜桜と満月を眺めながらのお食事は夢のような時間。さあ、また明日から頑張ろうという気になる一日でした。

嵐山吉兆の献立を書き出します。その日のうちにメモをとればよかったのですが、もうお酒も入っていて、それどころではなく、翌日頭をひねってメモをとりました。お料理はもちろん、器や盛りつけ、部屋のしつらえ、窓にうつる桜色、月の光、すべてがすばらしく、心がゆたかになりました。

・桜の冷酒　桜の花びらが盃に浮かんで
・蒸しあわびと赤貝の酢のもの
・菜の花のこのこソースかけ
・まぐろの刺身　辛み大根のおろしと刻みねぎ添え
・白身魚のおつくり　ふきのとうじょうゆ添え
・伊勢えびのごまだれ和え
・椀　くず衣をまとった白身魚のお汁
・うどと板岩のり、くちこの和えもの
・焼きたけのことそら豆のだしかけ
・くみ出しゆばの蒸しもの　長いもや貝が具として入っていました
・八寸
焼きからすみ、牛タンの煮込み、えびの金山味噌のせ、ぬた、はたてのちりゼリーのせ、たまご焼き、しいたけ甘煮、セロリとサーモンとしその切りごま和え
・桜サーモンの味噌漬焼き　蒸しずし、香のもの、白飯
残ったごはんを一口むすびにしていただき、お土産に持って帰りました。

4月15日
はれ

大根の花

台所の窓辺で、ガーデニングをしています。セリ、みつば、香菜《シャンツアイ》、わさび、大根などなど、いずれも料理で切り落とした根っこの部分や、大根なら葉の根元の部分をコップにさしておいておきます。そうするとセリやみつばはスルスルと新しい芽を出し、おみそ汁などの薬味にちょっと加えるのに重宝です。昨日さしておいた大根はニョキニョキッと葉と茎をのばして、あっというまに花を咲かせました。小さな小さなかわいらしい4つの花びらが台所の窓辺に揺れています。

朝ごはんに、残っていた大根できんぴらを作りました。大根は油で炒めるとまた違った味わいです。ごま油との相性がいいみたいです。

大根のきんぴら

●材料　2人分

大根　5センチくらい
ごま油　大さじ1
しょうゆ　小さじ1
砂糖、みりん　各少々
すりごま、一味　適量

●作り方

1　大根5センチは細切りにし、ごま油でさっと炒めます。

2　しんなりとしてきたら、しょうゆ、砂糖、みりんを加えて味をととのえ、最後にすりごまと好みで一味を合わせます。

●メモ

梅干しを加えてさっぱり味に仕上げても おいしい。葉もあれば刻んで一緒に炒め合わせます。

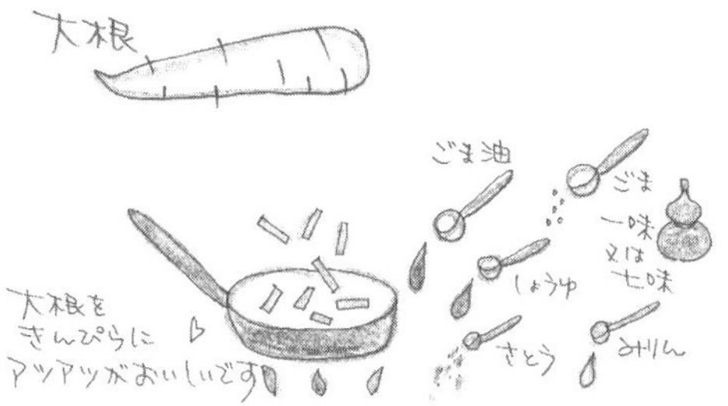

4月22日
はれ

焼き肉の食べ方

女4人で焼き肉屋さんに出かけました。

ものすごく大食漢のメンバーです。タン塩、塩ロース、塩カルビ、塩ミノ、サラダとキムチでビールをガンガン飲んで、タレのカルビとごはんとスープを頼んで、おなかを満たし、またミノを頼んで締めのビールをいただき、大満足。女性の食べ方とは思えない迫力です。

大食いだから食べるペースが合うんですね。人に焼いてもらうのではなく、自分のお肉を一枚一枚焼いて食べる。単純なようでなかなかこのペースを合わせることが難しい。だからはじめて会う人とは焼き肉屋さんに行くのはどうかなと思ってしまうのです。

おしゃべりに夢中になって肉を少しでも焦がすととなりにすわった友人にしかられる。そう、せっかくだからおいしく食べないとね。でも今日のメンバーはひとりとして、人の世話を焼くことはなく、ひたすら自分のお肉を焼くのでした。

焼き肉屋さんのサラダ

●材料　４人分

サニーレタス　１個

長ねぎ 1／3本　きゅうり　１本

ドレッシング

しょうゆ、酢 各大さじ２　砂糖 大さじ１　塩 ひとつまみ

ごま油 大さじ４　切りごま 大さじ１

一味 適量

●作り方

1　レタスは食べやすい大きさにちぎって、ねぎは白い部分を白髪ねぎにし、冷水につけてパリッとさせます。きゅうりは半分に切ってから縦に薄切りにします。

2　ドレッシングの材料を合わせておきます。

3　水気をしっかりと取ったレタスと白髪ねぎ、きゅうりを合わせていただく直前に混ぜ合わせます。

4月28日
はれ

もうゆかた

暮らしをテーマにしている雑誌から、ゆかたで対談という仕事の依頼がきました。ニュースキャスターの草野満代さんと一緒に銀座の居酒屋で対談をするという設定です。

それぞれゆかたを新調し、おいしい日本酒とお料理をいただきながらのおしゃべり。こんないい待遇の仕事でいいんだろうか。料理も作らず、原稿を書くこともなく、ただひたすら食べて話すだけなんて。ただカメラに映りますから、終始よそいきの笑顔をしていなければならないのが私としては一番たいへんな部分。草野さんはその点はお手のもの。もちろんお顔立ちの美しさもあるのですが、笑顔が自然で、また着物を着ると夜のニュースの時間の顔と違ってかわいらしい。

第一線で活躍されているかたとお会いするのは刺激になるものです。今度はぜひ私のごはんを食べてほしいな。人見知りの私は初対面のかたとなかなかうまく話せない。包丁を持っているとすごく自然に言葉が出てくるのにね、不思議なものです。

綿紅梅という
織りのゆかたを
作ってもらいました。
大きな菊の柄に
すだれの背景
夏の涼しさを
感じます。

お店の名物 からし玉こんにゃく

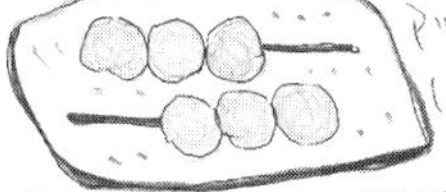

アツアツを
ほおばって

涙が出るほど からしがききましたけど
おいしい♡ クセになる味です

5月1日
はれのちくもり

すずらんのように

友人に子供がうまれました。その知らせを受けて、もうたまらなくうれしくて、ベビー模様のバルーンをふくらませてもらったり、新米ママには熟れたマンゴーを買い、小さな花かごを作ってもらい、とそこまでやってしまってから気がついたのでした。病院に行ってもいいんだろうか。そう、ただ知らせを受けただけなのに、ひとり先走っていました。

確認したところ結局、病院の規定でまだ家族以外は面会できないとのこと。送るほどのものでもないしと、夫とふたりでマンゴーをかじることになりました。

花かごを作ってもらったときに花屋さんからこんな花カードをいただきました。

「ヨーロッパでは古くから5月1日を陽春の祭日としてお祝いをし、この日に花を贈る習慣がある。特にすずらんは春の訪れを知らせる花として人気が高く、この日にすずらんの花を受け取った人には幸福が訪れるといわれている」

かわいい赤ちゃん、こんにちは。すずらんの花言葉のように、すくすくと幸せに育ってくださいね。

マンゴージュース

●材料と作り方

マンゴーの実を切り出し、牛乳とヨーグルトを合わせてミキサーで攪拌、甘みがたりないときにははちみつなどを加えるか、すっきり飲むなら、粗びきの黒こしょうをほんの少し振るとスープ感覚。ぜひどちらもお試しを。

マンゴープリン

●材料　グラス6個分くらい

マンゴー（完熟のものか、缶詰め）120グラム　板ゼラチン 8グラム
砂糖 大さじ2　たまご 1個
牛乳 1/3カップ
レモン汁 少々
あればエバミルク 大さじ2

●作り方

1　マンゴーの果肉は飾り用にほんの少し残して、ほかをミキサーにかけてピューレ状にします。ゼラチンを水に浸してやわらかくしておきます。

2　鍋にマンゴーと水をきったゼラチン、砂糖を入れて弱火にかけてゼラチンを煮溶かします。

3　鍋を火からおろして、一度ざるでこしてボウルに移し、ボウルの底を冷水につけて冷まします。

4　たまごを泡立てないようときほぐしておきます。3が人肌くらいに冷めたら牛乳を少しずつ加えて、たまご、レモン汁、エバミルクの順に加えながら泡立て器で混ぜ合わせます。このときに元気よくやりすぎると泡が立ってなめらかな、しっとりしたプリンになりません。泡立て器は使いますが、あくまでも混ぜ合わせるため。ここだけは慎重にやります。

5　器に流し込んで冷蔵庫で冷やしかためて、マンゴーの果肉を飾ります。

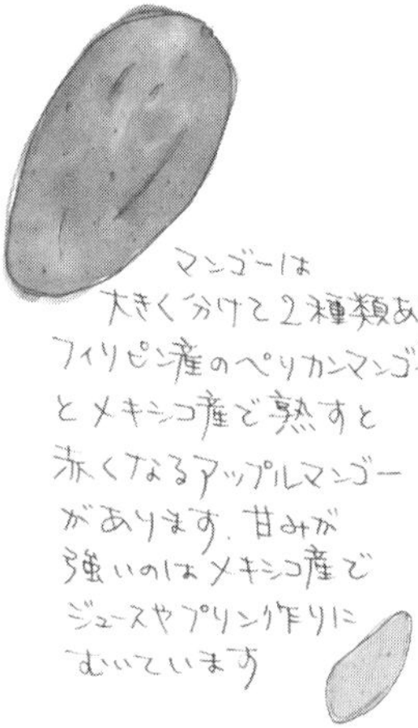
マンゴーは
大きく分けて2種類あり
フィリピン産のペリカンマンゴー
とメキシコ産で熟すと
赤くなるアップルマンゴー
があります. 甘みが
強いのはメキシコ産で
ジュースやプリン作りに
むいています

5月5日
あめ

今年はひとりじゃない

今日は夫の誕生日。おととい3日はわたくし40歳になりました。今年は久しぶりに夫がうちにいるゴールデンウィーク。毎年この時期は富士スピードウェイというサーキットでレースがあり、どんなに長いゴールデンウィークの日程であれ、私はいつもチャッピーとクロとお留守番をしていたのです。今年はそのサーキットが改修工事に入り、閉鎖になっているため、レースの開催がなく、お休みできることになりました。

友人たちも集まってくれ、お誕生日会という名目で我が家で飲むことにしました。集合時間ギリギリまでふたりの食べたいものが合わなくて、本日はへんてこな料理の組み合わせに。たこやきと豚しゃぶ、ゴーヤのサラダ、こんにゃくのピリ辛煮、刺身タルタル、島らっきょうの塩漬け、などなど居酒屋メニューにみんなびっくりしていたけど、喜んでモリモリ食べてくれました。

ゴーヤのサラダ

●材料と作り方

1　ゴーヤ１本は縦半分に切り、中のわたを取って薄切りにし、塩小さじ１をまぶしてしばらくおきます。

2　しんなりしたら、そのまま熱湯にさっとくぐらせ、ざるに上げます。

3　水気をよくしぼって器に盛りつけ、卵黄をのせて、おかかをまぶし、好みでしょうゆやポン酢をかけて混ぜながらいただきます。

こんにゃくのピリ辛煮

●材料と作り方

1　こんにゃく１枚は一口大に切り、さっと熱湯にくぐらせてから、鍋に入れます。

2　中弱火にかけてから炒りします。プリプリと音が出てきて、こんにゃくの表面が乾いてきたら、しょうゆ、砂糖、みりん各大さじ１、ほんの少しのだし、赤唐辛子の小口切り、または一味を合わせて炒り煮します。

3　出来上がりにすりごまをたっぷりとかけます。

刺身のタルタル

●材料と作り方

まぐろやいか、ほたて、甘えびの刺身、ケーパー、オリーブの実を合わせて粗くたたき、塩、こしょう、オリーブオイルで味をととのえます。あればハーブのエストラゴンを少し刻み入れると香りが立っておいしい。

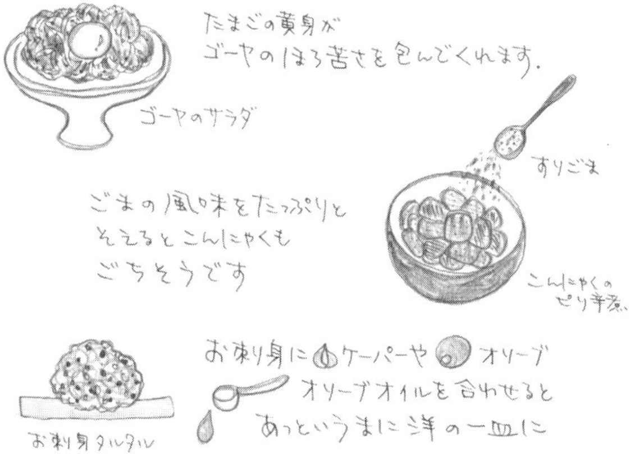
たまごの黄身が
ゴーヤのほろ苦さを包んでくれます。
ゴーヤのサラダ
すりごま
ごまの風味をたっぷりと
そえるとこんにゃくも
ごちそうです
こんにゃくの
ピリ辛煮
お刺身にケーパーやオリーブ
オリーブオイルを合わせると
あっというまに洋の一皿に
お刺身タルタル

5月16日
あめのちくもり

旅先で想うこと

松本美術館で「素と形」という展覧会があり、うかがいました。針金ハンガー、ブリキ缶、ホーローのれんげ、段ボール箱、ぞうきん、たわし、アルミのお弁当箱などふだん使っている日用品が、時代をこえ、国籍をこえ集められて。建築家の中村好文《よしふみ》氏がこの会場のために作ったという段ボールや網、ガラスのディスプレイ家具がそれらをひきたて、よく目にしているものたちが本当に美しく、その形や素材を見せてくれました。

日頃ふつうに接して使い込んでいる道具はなにげなくうちの中にすっぽりとおさまってくれていますが、よーく観察すると、使い勝手や機能的なことが文句なく完成されている。だから、長くつき合えているし、ないと困るものになっているのでしょうね。

うちに帰ってきて、家の中を見わたしてしみじみ。もっと生かしてあげなくっちゃ、大事にしようと思います。

夜中に鶏の皮をカリカリに焼いて、芋焼酎で一杯。短い旅をふりかえりました。

鶏皮のカリカリ焼き

●材料と作り方

鶏の皮を細切りにして塩を振り、しばらくおきます。油なしでフライパンで炒め、途中皮から脂が出てきたら、そのつどていねいにキッチンペーパーに吸わせながら、皮がカリカリになるまで焼きます。好みでレモンをしぼったり、ゆずこしょうをつけて。

5月18日
くもりのちはれ

日帰りで京都へ

短い旅が続いています。
今日は雑誌の取材で京都の美山にある渓流山菜料理の旅館寺谷さんにうかがいました。本当は泊まりでのスケジュールだったのですが、今回は夫との夫婦の旅ということでしたので、なかなかふたりの日程が合わず、日帰りに。ですが、一日でも京都へ行けると思うと気分は晴れやか、お天気もよく、京都の静かな山間《やまあい》を堪能してきました。
少し時期は早めですが、川床を作ってもらい、そこで朝ごはんのシーンを撮ったり、川べりを散策したり。水辺の宿ならではの遊びをさせていただきました。
朝ごはんも夜のお食事もどれも素朴でおいしかったのですが、私が一番気に入ったのは山椒の葉のてんぷら。こごみやうど、根曲がり竹といったやさしい味わいの山菜のてんぷらの盛り合わせにちょっと香りの強いスパイスがききました。思えば山椒も山菜のひとつですよね。でもてんぷらでいただくのははじめて。今度うちでもやってみようと思います。
先日母が山椒味噌を作ってくれたので、レシピはこちらを記します。ちょっと山椒づいている我が家です。

山椒味噌

●材料と作り方

山椒の葉っぱ1カップ分くらいを細かく刻み、八丁味噌、または赤だし味噌1/2カップ、砂糖、みりん各大さじ1～2、酒大さじ1と合わせて鍋に入れ、弱火にかけて練り合わせます。

全体にしっとりとしてきたら出来上がり。保存瓶に入れて冷蔵庫へ。炊きたてのごはんにのせたり、おむすびの具にしたり、冷ややっこや湯豆腐の薬味に、かまぼこにつけたりして食べています。

5月27日
くもりのちはれ

増刷と断裁

本を作ることができるようになって、一番うれしいことはやはり増刷の知らせです。売れなくたって、いい本さえできれば満足っていう気持ちもありますが、たくさんの人が見てくれているという具体的な数字や結果が出るのもまた大きな喜びにつながります。

今日はこの日記の前作である『お料理絵日記』の増刷が決まりました。こうなると夢の印税生活ですね、なんていうことを言う人も出てくる。でも現実は小さな仕事をひとつひとつこなしていかないと生活はなりたたない。夢は本当に夢なのであります。それが仕事というものであり、醍醐味でもあるかもしれません。

断裁という経験もしました。本がもうまったく売れずに倉庫に残ったままなので、処分しますというお知らせです。こちらは本当にかなしいこと。残っているものすべて引き取りたいところですが、場所がない。自分がかかわった本は我が子のようなもの。ここにもきびしい現実がひとつあります。

増刷祝いに今夜も一杯やりたいものです。なんだか毎日宴会しているみたいでしょ。

そう今月はお誕生日月。なにかと飲みたい月なのであります。レシピはお酒のあとに飲んだあったかスープを書いておきます。

高菜と春雨のスープ

●材料　4人分

鶏手羽中　6本
高菜漬け　1カップくらい
キャベツまたは白菜などの葉野菜　適量
にんにく　ひとかけ
にら、長ねぎなどの香りのある野菜　適量　　春雨　100グラム
塩、ナンプラー　適量
ごま油　大さじ1
レモン、ライムなどの柑橘類　少々

●作り方

1　にんにくは薄切りにし、野菜は食べやすい大きさに切ります。高菜は細かく刻みます。刻み高菜を買うと便利。

2　鍋にごま油を熱してにんにくを炒めます。香りが立ってきたら鶏手羽を入れ、さっと焼きつけ、6カップの水を注ぎます。最初は強火でフツフツしてきたら中弱火にかけて、アクを取りながら20分ほど煮ます。

3　鶏のだしが十分に出たら、高菜、野菜と春雨を入れて、全体がしっとりとするまで煮て、塩とナンプラーで味をととのえます。

4　器に盛りつけ、好みで柑橘類をしぼっていただきます。

●メモ

春雨はぬるま湯でもどさず、直接スープの中で煮ます。ただし長さのあるものは一度もどして食べやすい長さに切ってからスープに入れましょう。その場合は春雨は一番最後に加えて、さっと煮合わせる程度に。食べやすい長さに切ってある春雨は使い勝手がいいので、スーパーなどでぜひさがしてみてください。

にんにく
鶏手羽中
ごま油
水
20 min
ぐつぐつ
高菜漬
キャベツ
ニラ
長ねぎ
ナンプラー
塩
春雨
とけにくい緑豆のものをえらんで
レモンをぎゅっとしぼります
ごはんに合わせるときにはレモンの代わりに
白ごまをたっぷりとふります

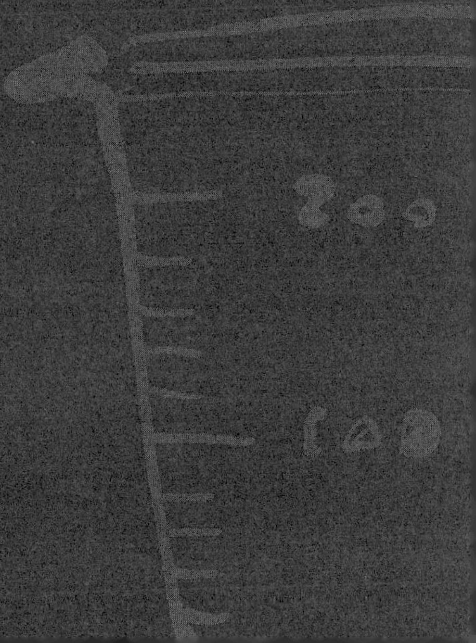
200
100

夏

6月1日
あめのち くもり

懐かしい声

本を出版させていただくようになってから、ずいぶんとごぶさたしている友人たちから連絡をもらうことが多くなりました。

小学校のときによく遊んだことがある、バレエスクールで一緒におけいこしていた、中学のときにクラスは一度も同じになったことはないけれど、あなたのことは覚えていますなどなど。すぐに懐かしく思い出す人もいれば、まったく覚えていない人もいるのですけれど、ありがたいことです。今は親しくしていない間柄なのに、思いきってメールや手紙を書いてくれる。心があったかくなります。

で、きょうは小学校の担任の先生から出版社へ連絡が入りました。名前に覚えがあるし、内容を見てみたらまったく顔はかわってないし、小さい頃バレエを習っていたとか、おばあちゃんと暮らしていたとか、ということを確かに覚えている、私の生徒に間違いない、激励したいので連絡先を教えてほしいという電話が入ったというのです。

すぐに先生の名前も顔も声も思い出し、同時にはずかしさでいっぱいになりました。もう40にもなる大の大人が子供の頃からまったくかわっていないなんて。どうなんだろ。そういうことを知られているって相当はずかしいもんですね。いつまでたってもやっぱり先生なんだなってしみじみ。

すぐに連絡をこちらからとって、近いうちにお目にかかることになりました。電話で話した先生の声は本当にかわっていませんでした。涙が出るほど懐かしかった。算数の計算が楽しくはやくできるよう、先生が考えてくださった野球ゲームをしながらの授業、ワクワクしたことを今でも覚えています。

グー
ゴッン
覚えている先生のイメージは
大きなメガネにカールしたセミロングの髪
いたずらをしてゲンコツ
されたこともあったっけ.

6月4日
はれ

ひまわりの花束

きのうは結婚記念日、16年になりました。もうお祝いをする仲でもありませんが、きのうに限って私はなぜか機嫌が悪かった。食事の約束をしたとか、毎年なにかプレゼントがあったのに今年はないとか、そんなことではなく、ただただ虫の居所がかなり悪かったのです。

そんな日に限って、夫は連絡もなしに、午前様。明け方5時近くにベロンベロン、千鳥足で帰ってきました。そういうときの私って自分でも後で恐《こわ》かったなと思うくらい、冷静に夫に訴えます。若いときには蹴飛ばしてみたり、怒鳴ってみたり、はげしかったのですが、夫としてはそのほうがわかりやすかったといいます。

長いつきあいがそうさせているのでしょうか。最近はおこったり、喧嘩することが少なくなった分、納得いかないときにはとことん話すようになりました。

でも今日の明け方の訴えは私の気分的な問題。楽しくお酒を飲んで帰ってきたのに、やつあたりされた夫はたまったもんではありません。思えば仕事が煮つまっていましたし、ちょっと夫がうらやましかったのかもしれません。それでも夫は思うところがあったらしく、夜仕事帰りにひまわりの花束を買ってプレゼントしてくれました。真ん丸に大きく開いた太陽のような花を見て、私の気持ちがすっと晴れやかになっていきました。ありがとう。ありがとう。そしてごめんなさい。

　おわびとお礼をかねて今夜の夕食は夫の大好物、豚肉のキムチおろしソースかけを作りました。

豚肉のキムチおろしソースかけ

●材料　4人分

豚しょうが焼き用肉　8枚(320グラムくらい)
しょうゆ　小さじ1
酒　大さじ1
片栗粉　適量
サラダ油　大さじ2
キムチ　100グフム
大根　7センチくらい
玉ねぎ　1/4個
ポン酢　1/4カップ

●作り方

1　豚肉にしょうゆと酒を振りかけて、軽くもんで下味をつけておきます。

2　キムチは粗みじん切り、大根、玉ねぎはすりおろし、ざるに上げて水気をきり、ポン酢と合わせてキムチソースを仕上げます。

3　豚肉に片栗粉を薄くまぶして、熱したフライパンにサラダ油を入れて、肉を一枚　枚広げながら焼いていきます。

4　器に盛りつけ、キムチソースをたっぷりとかけます。

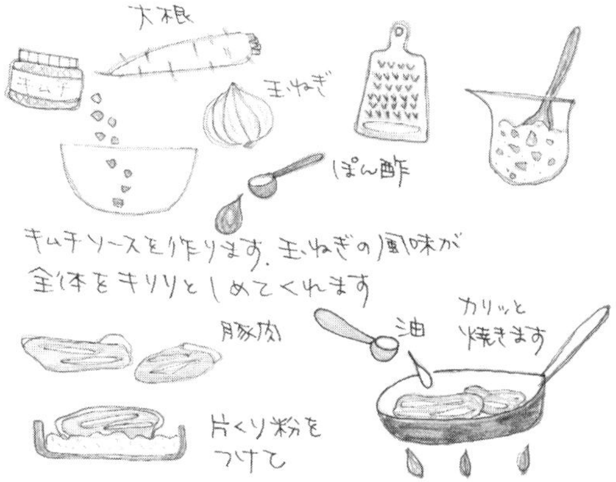

6月10日
はれときどきくもり

海の家

毎年この季節になるとかならず海のそばで暮らしたいとさわぎだす。暑くなってきて、海風が恋しくなり、青空を見あげるたびに目の前に広がる大きな大きな海の景色を思うのです。

ただ、これまでは願望だけで実行にうつされることはありませんでした。でも今年の私の意気込みは違っていました。

まずは104で地理的に少々なじみのある葉山の不動産屋さんを調べて、希望の物件をさがしてもらい、その場所や間取りをファックスで流してもらい。と、ここまでくるとさっそく出かけてみることになりますよね。なんとも簡単なことですが、その一歩がなかなか踏み出せなかったのです。まあ、住まいをかえるということは難しいこと。家族のそれぞれの事情もありますし、思いつきではできないこと。それが、ここ数年ずっと思い続けてきたことが現実的になってきました。

お世話になった不動産屋のご主人は真っ黒に日焼けしていて、いかにも地元の人。仕事のあいまに波乗りをしているという。そんな人との出会いもまた刺激的で、ますます海の家への憧れは強くなっていきました。

やはりこの時期は我々以外にもたくさんの人が海のそばで暮らしたいと思うらしく、かなり物件は少なかった。東京のようにはいきませんでしたが、そんななかでもとてもシンプルな一軒家が見つかり、これから家主さんと交渉に入ります。
　海の家暮らしなるか。そう考えるだけでも夏が楽しみです。葉山の帰りに無人の野菜販売所に寄り、つやつやの絹さやを買って帰りました。ここに住んだらこんな買い物もできるんだあ。

絹さやのソース炒め

●材料　4人分
絹さや　1パック
サラダ油　小さじ2
ウスターソース　小さじ2

●作り方
1　絹さやは筋を取ります。
2　フライパンを熱してサラダ油で絹さやを炒めます。
3　絹さやの緑が鮮やかになってきたら、ソースを合わせてひと炒めします。

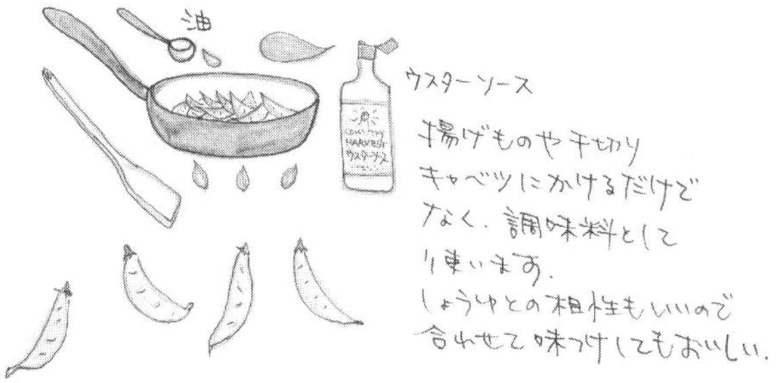
油
ウスターソース
揚げものや千切り
キャベツにかけるだけで
なく、調味料として
使います.
しょうゆとの相性もいいので
合わせて味つけしてもおいしい.

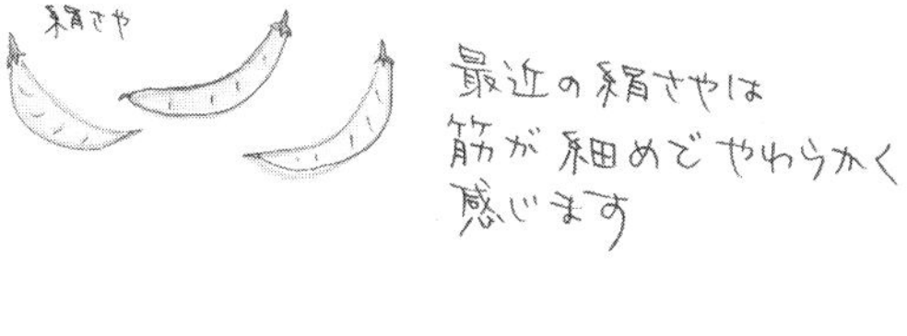
絹さや
最近の絹さやは
筋が細めでやわらかく
感じます

6月15日
はれ

かわいそうなあじさい

　うちのマンションのベランダ前の植え込みには大きなあじさいがあります。毎年花が重くて重くてかたむいてしまうほど、りっぱな花をたくさん咲かせてくれていたのですが、昨年はあまりに大木になってしまったので管理人さんがかなり枝を切り込んでしまいました。そんなこともあって、昨年はあじさいの花を眺めることがなく終わり、今年もどうかと心配しておりましたら、待ってましたとばかりに大きく花をつけてくれたのです。

　ただそんなときに限って雨が降りませんね。

　雨の日は好きではありませんが、あじさいのことを思うと雨あめ降れフレと雨乞いしてしまいます。雨が当たってこそ美しくなるあじさい。ただ水やりしただけではだめなんですね。雨粒をうけて色があざやかになっていくのが不思議です。

　きょうもカラカラに暑い一日でした。すっかりあじさいはしょぼくれ、元気をなくしているように見えます。

　私も少々この暑さにバテ気味。梅干しを使ったなす料理を食べて、すっきりしよう。

なすの梅煮

●材料　２人分

なす　４本　梅干し　２個
だし　1.5カップ
しょうゆ、みりん　各大さじ１
塩　適量

●作り方

1　なすはガクをむくように切り落として、へたは帽子のように残しておき、縦に５ミリ幅くらいに切り込みを入れます。

2　だしに梅としょうゆ、みりんを入れて煮立たせ、なすを加え、落とし蓋をして煮ます。

3　途中味見をして梅から出る塩気をみて、塩で味をととのえます。

4　なすがふっくらやわらかくなったら出来上がり。

なす
しょうゆ
みりん
だし

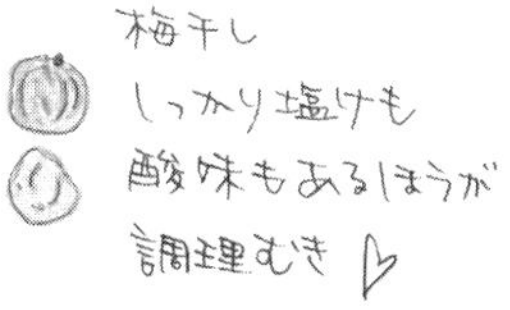
梅干し
しっかり塩けも
酸味もあるほうが
調理むき

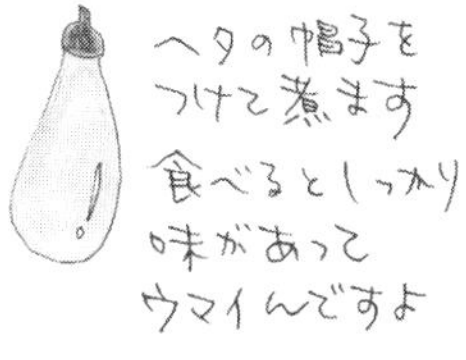
ヘタの帽子を
つけて煮ます
食べるとしっかり
味があって
ウマイんですよ

6月19日
はれ

仕事のあいまに保存食作り

今年も保存食作りの時期がやってきました。

らっきょうはもうはやいところでは5月の連休くらいから見かけていましたし、もうここにきて熟した梅もスーパーなどに並んでいます。春からいっきに暑くなったせいなのかな。今年は保存食の材料が早い時期から出回っているので、いつものペースでやっていると、うっかり素材がなくなってしまう心配が出てきました。

きょうはまずはらっきょうを5キロほど漬け、梅干しを2キロ漬けました。らっきょうは昨年作りすぎて、まだだいぶ漬けおいた瓶があるので、これくらいに。梅干しは最近は母まかせになっているのを反省し、自分なりの塩加減で久しぶりに漬けてみました。梅がけっこういい状態のものが手に入ったのでやる気が出たのかもしれません。

梅干し作りは意外と簡単。ただ漬けおく場所とか、土用の日から三日三晩干すことを考えるとマンション暮らしの我が家にとってはなかなか気がすすまなかったのです。

今朝漬けた梅からさっそくいい香りがただよってきます。おいしくなぁれ。5日ほどおいて梅から水気が出て、梅酢ができたら、次の作業にうつります。

梅干し作り　前半

●材料と作り方

1　梅2キロはよく洗って、へたの部分を竹串などを使ってほじくるようにして、ひとつひとつていねいに取りのぞきます。

2　一晩たっぷりの水につけて、梅をふやかします。

3　ひとつひとつていねいにふきんなどで水気をふき取り、ボウルに入れて7〜10%の粗塩を合わせて、軽く混ぜます。

4　熱湯消毒したカメやホウロウの器に3を入れ、ボウルに残った塩もすべて入れます。

5　落とし蓋をして梅と同じ2キロくらいの重しをして5〜6日おき、梅酢が上がってきたら、次の作業にうつります。(p.237参照)

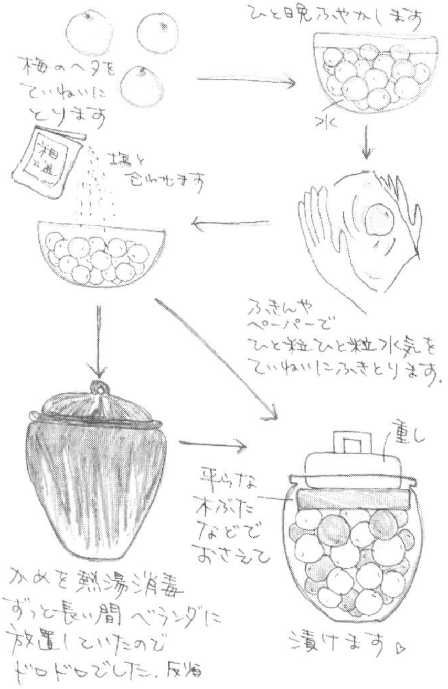

6月25日
くもり

ひとりそば屋へ

ひとりごはんをするお店がいくつかあります。買い物帰りや外での打ち合わせがあったりしたときに、小腹がすいたら立ち寄るお店。

銀座の天どん屋さん、渋谷のカレー屋、白金のそば屋、西麻布の定食屋に三軒茶屋のハンバーガー屋などなど。その日の気分で車でふらりと寄ることが多いです。私のリストにはおしゃれなカフェはありません。あくまでもおなかをおいしくみたしてくれるお店に限ります。そしてお茶はうちに帰ってゆっくりといただくのが好き。本当はカレーを食べながらビールを一杯、おそばの前に冷酒なんていうのもいいのですが、ひとりごはんのときにはおあずけです。

今日はそんなお店リストのなかのおそば屋さんへ。開店と同時に入りました。ここはおそばもおいしいのですが、おつまみもとても充実していて、お酒飲みにはたまりません。

おかずがわりにそばの実入りのとろろをつまみ、あとはおそばをずるずるっとやりました。そばの実の粒々がとろろのやわらかさと合って、口の中に広がります。とろろの味つけもとってもくちびるにやさしい。幸せなひとりごはんの時間になりました。

そばの実入りとろろ、まったくおんなじにはならないけど、うちでも真似て作っています。

そば屋のとろろ

●材料　2人分

そばの実　大さじ1
山いも　10センチ
だし　1/4カップ
塩　ふたつまみ
しょうゆ　小さじ1
卵黄　1個
海苔　少々

●作り方

1　そばの実はゆがいておきます。

2　山いもをすりおろし、だし、塩、しょうゆ、卵黄を合わせてよく混ぜます。

3　とろろにそばの実を合わせて、海苔を少々ちらします。

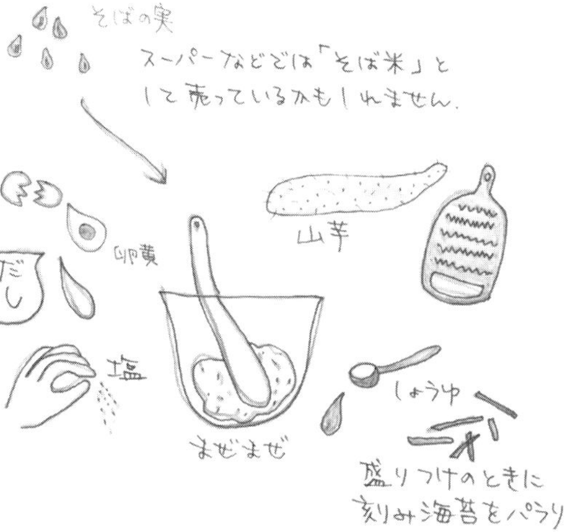
そばの実
スーパーなどでは「そば米」として売っているかもしれません.
卵黄
山芋
だし
塩
しょうゆ
まぜまぜ
盛りつけのときに
刻み海苔をパラリ

7月15日
はれ

海の家ふりだしに

とても気に入って、ほぼ気持ちはかたまっていた海の家への引っ越しでしたが、いろいろあって再び物件さがしからスタートすることになりました。お借りするときの条件を話し合ううちにいろいろ問題が出てきたんですね。ちよっと後ろ髪をひかれる思いでしたけれど、あきらめることになりました。

あぁ、あれ以上の物件は今後出てくるのでしょうか。それくらい思いをよせていたおうちだったので、しばらく放心状態です。

今日の夕飯は買い出しに行かずにできるものにしよう。冷凍庫にあったラムチョップを出して、生野菜をなんとか組み合わせてサラダを作って食べることにしました。

肉料理のときは冷蔵庫から出してすぐに焼いたり煮たりの加熱をすると、肉がかたくなるように思います。急な温度変化で肉の繊維が詰まってしまうような気がするのです。ですからうちではお肉料理の前には必ず冷蔵庫から出して常温にもどして、肉の脂を溶かすくらいの気持ちで下準備をします。

ラムの塩焼き

●材料と作り方

ラムは常温において肉をやわらかくしておき、自然塩とひき立ての黒こしょうを振り、魚焼きグリルに入れて、両面をこんがりと焼きます。好みでレモンをしぼったり、ゆずこしょうをつけて食べてもおいしい。

P
S
ラムを常温に
おいて塩、こしょうします
今日は食べやすい
ラムチョップを用意
あとはグリルで
焼くだけ

なすとオリーブとミントのサラダ

●材料　2人分

なす　2本

オリーブの実（グリーンのもの）10個くらい

ミント　ひとつかみくらい

塩　小さじ1/2

オリーブオイル　大さじ2

●作り方

1　なすは薄切りにして、水に5分ほどつけてから塩をからめて、軽くもみます。

2　1のなすの水気を軽くきり、オリーブとミントの葉を合わせて、オリーブオイルで和えます。

●メモ

時間をおくとなすが変色するので、作りたてを食べるのがベスト。

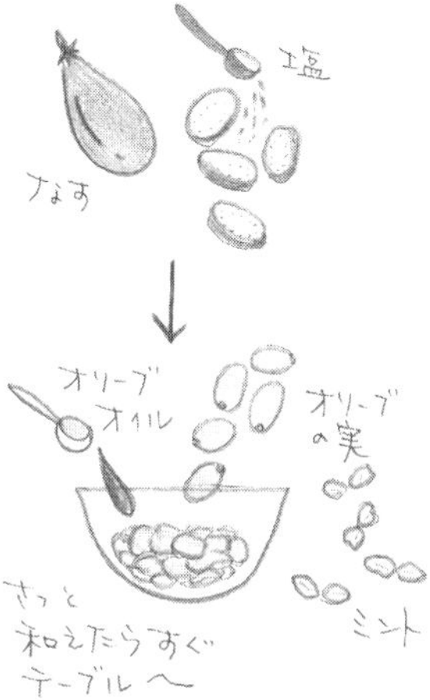
塩
なす
オリーブ
オイル
オリーブ
の実
ミント
さっと
和えたらすぐ
テーブルへ

7月20日
はれ

ゆかたの季節

ちょっと遅くなってしまいましたが、着物の衣替えをしました。以前は洋服の衣替えが趣味だった私ですが、最近は着物が楽しくてしょうがありません。

服は何度かやったフリーマーケットでかなり処分をしたので、量が少なくなり、加えて本当にシンプルなスタイルになってきたというのもあるのでしょう。衣替えするほどの大袈裟《おおげさ》な作業がなくなりつつあります。

その点着物はクローゼットにつるしっぱなしというわけにもいかないので、そのつどたたんでしまいます。ですから夏もの、冬もの、そのあいだの季節に着るひとえのものをたんすの上のほうに、出しやすい位置にかえる作業をするようになりました。

着物を一枚一枚確認するようにして和紙の包みから出し、ついでに帯をのせてみて組み合わせを考えてみたり、ほつれた部分を繕ってみたり。そんなことをしているとあっというまに一日が終わってしまいます。まだまだ着物初心者ですから、着ようと思ったときにすぐにコーディネイトができない。なので衣替えのときにいっきに広げて、ある程度着物と帯の組み合わせを考えて頭に入れておくと、便利だなと。でも結局また着る前に広げることになるんですけれどね。

ゆかたの季節になりました。今年は綿紅梅を新調したので、月末の花火大会に着ていこうと思います。

お昼はトマトのオーブン焼きをして珍しくパン食。ちょうど撮影で使った残りのハーブがあったので、トマトにたっぷりとのせて焼いてみました。焼けたトマトを崩してパンにのせて食べると口の中に酸味と甘みが広がります。もうそれだけでごちそう。

トマトとハーブのオーブン焼き

●材料と作り方

1　トマト半分を輪切りにして、切り口を上にして耐熱皿に並べます。

2　ハーブのエストラゴンとバジルの葉をちぎってのせ、塩を多めに振って、オリーブオイルをたっぷりとかけてオーブンに入れて焼きます。

3　トマトの皮がはじけるくらいまで焼き、パンなどを合わせていただきます。

7月22日
はれ

久しぶりのお休み

今日は夕方に打ち合わせがひとつあるだけであとはなんにも予定のない日。こんな一日は久しぶりです。しかもその打ち合わせのために何か献立とかレシピとかを考えておかなくてもいいっていうのがうれしい。わぁい、解放日です。

せっかくゆっくりできるというのに、今日の私は朝から落ち着きません。ゴロゴロしていればいいものを、朝から梅干しを干してみたり、あいまに洗濯をし、窓ふきをしました。クロのシャンプーもしました。そう、それくらいすっきり晴れたいいお天気だったのです。太陽にせかされるように、朝から働いてしまいました。そして午後はのんびり本屋さんへ出かけ、帰りにアイスクリーム屋さんへ寄って大好きなラムレーズンとマンゴーをダブルで食べ、幸せ気分に満たされました。

思えば何年か前までは毎日こんな生活だったなと。人はかわるものですね。仕事をするようになってからのほうが家のことをしっかりするようになった気がします。時間がありあまっていたときにはいつでもできるとタカをくくっていたのです。なんともったいない時間だったことか。でもそんなときがあったから、今があると強く強く思うのです。

梅干し作り　後半

●作り方（p.229続き）

1　瓶に漬けた梅から梅酢が出て、梅がしっかりと漬かって１カ月ほどたちました。これから梅干しになります。７月後半から８月にかけて土用のよく晴れた日に梅を取り出し、ざるに並べて風を当てて三日三晩干します。

2　瓶に残っている梅酢もふきんなどをかけて干しましょう。漬け汁も殺菌するのです。

3　梅はときどき返して全体に太陽が当たるようにして干すとだんだんしわがよってきて、やわらかくなってきます。

4　瓶の梅酢に戻し、中ぶたをして瓶の蓋をしてまたしばらく冷暗所に保存します。

梅酢はひたひたくらいで十分ですので、それよりもずいぶん多い場合はのぞいて、野菜の漬けものの味つけや、酢のものの調味料として使います。

●注意

この作業中は雨などに当たらないよう、このときばかりは空とにらめっこ。お天気続きのときを狙って干します。

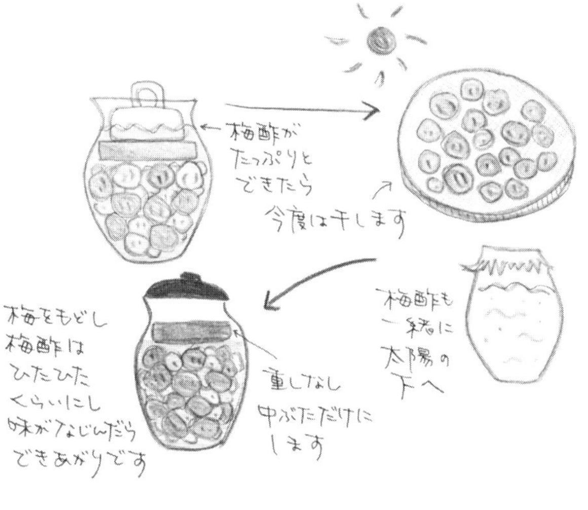

7月28日
くもりのちあめ

花火大会中止

前から楽しみにしていた葉山の森戸海岸での花火大会が中止になりました。朝から空を見上げてはどうか今日一日雨に降られませんようにと祈っていたのですが、強力な台風が接近してきてしまいました。

なんとか雨は降らなかったものの、海がだいぶ荒れてきて、そうそうに取り止《や》めの連絡が入ったのです。

せっかく朝から夫のゆかたを用意したり、なんとか仕事を終わらせようと早起きもしたのにな。来年までお預けです。

夕飯は昨日こしらえた瓜とゴーヤのにんにくしょうゆ漬けでビールを一杯やり、昆布のつくだ煮でさらさらっとごはんを食べました。

瓜とゴーヤの にんにくしょうゆ漬け

●材料と作り方

1　うりとゴーヤは種とワタを取って、一口サイズに切り、塩少々をまぶしておきます。

2　ボウルに、にんにくしょうゆ、酢各少々と赤唐辛子を合わせて、そこにさっと水洗いして水気をふき取った１を合わせて軽く和えます。

3　冷蔵庫に入れて１～２時間ほど漬けて出来上がり。ときどき全体にしょうゆが回るようにして混ぜてください。早く味をつけたいときは薄切りにしますが、私はボリボリとかじりたいので大きく切ります。

昆布のつくだ煮

●材料　作りやすい分量

昆布　30グラム

梅干し　種２～３個

（または果肉つき１個でも）

しょうゆ、みりん、ざらめ　各大さじ２～３

●作り方

1　昆布は水3カップほどにつけてふやかしておきます。

2　昆布がやわらかくなったら取り出し、２センチ角に切ります。

3　鍋に切った昆布と梅干し、１の昆布水１カップ、みりんを入れて煮ます。

4　昆布がふっくらしてきて、つやが出てきたらしょうゆを合わせて煮汁がなくなるまで煮つめます。残った昆布水はおみそ汁に使います。

8月1日
はれ

毎年恒例の1カ月のお休みはじまる

昨年の日記にも記しました。夏の恒例1カ月のお休みがスタート。とはいっても毎年なんだかんだと忙しい。今年は本の校正やら来年に向けての本の準備やらで、今日の時点でスケジュールはほぼうまってしまいました。ただ唯一撮影の日程が少ないことが救いです。身体がほんとに楽になります。このあいだに体力を温存、そして少し力をつけて秋に向かっていこうと思います。

今日はずいぶん前から計画していた着物の会。着物好きが集まって、ごはんを食べたり、お酒を飲んだり。もちろん出席者は全員着物を着てやってきます。私はお料理の係なので綿のゆかたで用意をし、お客さまはそれぞれ絹紅梅や麻の着物を涼やかにまとっていらっしゃいました。夏の着物は正直暑い。でも帯をしめるとシャキッと背筋がのびて、気持ちがいいのです。そして何度も着るうちに涼しく着るコツもわかってきます。そで口から扇子で風をおくったり、下着に工夫をしてみたり。そんなところが私はおもしろくて、暑さを忘れて着物を着ているような気がします。

テーブルには一升瓶がずらり。名前は優雅な会なのですが、実はただの飲み会。けっこういける口のかたばかりなのです。おつまみを少し多めに作り、最後は得意の塩むすびとおかずに作ったゆで豚の煮汁でスープを作ってしめました。

本日の献立

・フルーツトマトのおひたし
・きゅうりとにんじんの糸昆布和え
・白身魚とかぶ、いちじくのカルパッチョ
・花椒と八角風味の枝豆
・豆腐とじゅんさいの鍋
・ゆで塩豚　薬味と甘みそ添え
・香菜とザーサイのサラダ
・塩むすび
・とうがんと塩豚のスープ
・マンゴーとマスカット

香菜とザーサイのサラダ

●材料　4人分

香菜　1束
クレソン　1束
万能ねぎ　1束
レタス　1/2個
味つきザーサイ　大さじ3〜4
こしょう　少々
ごま油　大さじ1〜2

●作り方

1　クレソン、万能ねぎ、香菜《シャンツアイ》、レタスを食べやすく切り、冷水につけてパリッとさせます。

2　味つきザーサイを粗みじんに切ります。

3　水気をよくきり、器に盛りつけ、こしょう、ごま油を合わせて和えます。

花椒と八角風味の枝豆

●材料

枝豆　１パック

塩　小さじ１　花椒　大さじ１

八角　ひとかけ

塩（ゆでる）大さじ１

●作り方

1　枝豆は枝からさやをはずして、さっと水洗いし、両サイドにはさみを入れます。

2　塩と枝豆を合わせてよくもむように塩をなじませます。

3　たっぷりの熱湯を用意し、塩、花椒《ホワジャオ》と八角をそれぞれ加えて、塩がついたまま枝豆を加えてゆがきます。

4　ざるに上げて、枝豆を広げてうちわなどであおいで冷まし、塩少々を振ります。

●メモ

ゆがいた枝豆は冷水につけて冷やさないこと。自然に粗熱を取ったほうが風味が残っておいしい。水にとると味も流れてしまいます。

えだ豆のさやの端を
切っておくと、味が
よくしみます

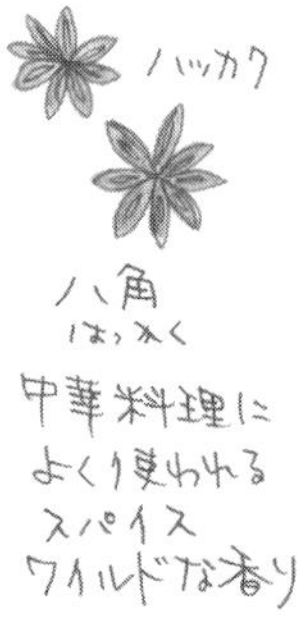
ハッカク
八角
はっかく
中華料理に
よく使われる
スパイス
ワイルドな香り

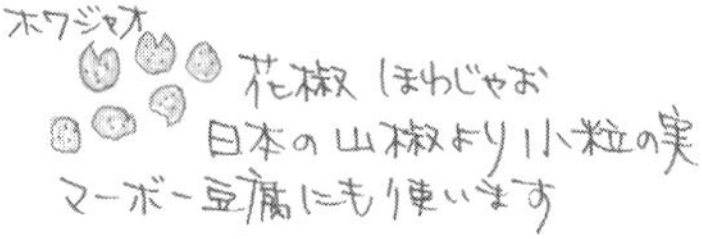
ホワジャオ
花椒 ほわじゃお
日本の山椒より小粒の実
マーボー豆腐にも使います

フルーツトマトのおひたし

●材料

だし汁　２カップ
塩　小さじ１
薄口しょうゆ　少々
トマト　６〜８個

●作り方

1　濃いめにとっただし汁を用意し、塩、薄口しょうゆで味をつけておきます。

2　トマトはへたを取り、おしりに十字に切り込みを入れて、熱湯に入れ、皮がプチッとはじけたら冷水にとって皮をむき、１のだし汁に一晩漬けます。

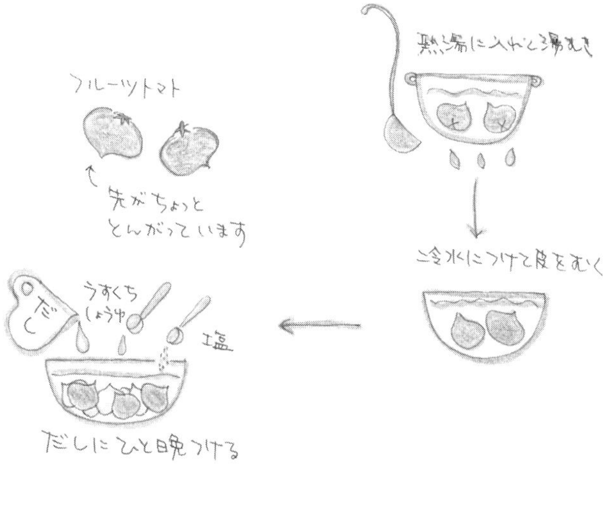

8月5日
くもりのちはれ

すずめの穴掘り

最近ベランダに来るすずめがかわいい。かたくなってしまったパンや鍋底にのこったごはんつぶをざるに入れておいておくと、ちゅんちゅんとついばんでは仲間を呼び合う。たくさん集まるとそばの木の上でピーピーとじゃれて遊んでいます。

私とチャッピーはその姿を眺めてはなごんでしまうわけですが、クロの目は違います。ベランダの床にへばりついてかなりの低姿勢でじっとすずめたちをにらんでいます。動物の目。家の中では見せない顔です。きっと本人はいたって真剣なまなざしなんでしょうが、この顔を見るのも私は楽しいのです。

そのすずめたちが今日はへんてこな行動をとっていました。庭の乾いた土の上で羽をバタバタとさせながら回転し、穴を作っているのです。一羽がやりはじめると、また一羽、また一羽と増えていき、あっというまに10個ほどの小さな穴があいてしまいました。穴を掘っているのか、羽がかゆくて土にこすりつけているのか、ほんとのところはわかりませんけれど、その行動がまたなんとも愛らしい。

すずめの声が聞こえるとベランダへ飛んでいく毎日です。

すずめをみる目は
少しするどく
つり上がっています
クロの顔も このときばかりは
シャープにみえます♡

ちゅん
ちゅん
ぱた
ぱた

8月10日
はれ

海で一日過ごす

夏休みらしい一日。朝7時には葉山の海につき、夕日が沈むまで波の音の中にいました。

なぁんにもしないけど気持ちがいい。今日はお弁当も作らず飛びだしてきたので、海の家のごはんを食べました。何十年ぶりだろう。子供の頃はここで食べるラーメンやカレーが大好きでした。それが今はメニューにジャンバラヤ、サーディン丼、タイカレーなどが並び、まるで無国籍レストラン。びっくりです。

夕飯は海の仲間がうちに来るというので、簡単な鍋を作りました。レタスをたっぷりと入れるところがポイントです。レタスはよくある高原レタスのほかにロメインレタスやサニーレタスをちぎって鍋に入れてもうまい。いずれも煮すぎず、汁の中でしゃぶしゃぶ同様、ちょっと泳がせて口の中へ。シャキシャキした口当たりが夏の鍋らしく、心地よいです。

レタスと鶏だんごの鍋

●材料　4人分

レタス　2個
鶏ひき肉 400グラム
長いも　3センチほど
あれば軟骨 80グラムくらい
塩、こしょう 各少々　片栗粉 適宜
だし　4カップ
ゆずこしょう、ポン酢、ごまだれなど適量

●作り方

1　軟骨は粗みじんに切ります。長いもは皮ごとすっておきます。

2　ひき肉をボウルに入れて、白っぽく粘りけが出るまで練り合わせてから、1と塩、こしょう各少々、片栗粉小さじ2を入れて、よく混ぜ合わせます。

3　鍋にだしをはってあたため、まずスプーンなどですくった2を入れて、ほぼ火が通ったら、大きく手でちぎったレタスを入れて、ひと煮して出来上がり。好みの薬味や調味料をつけていただきます。

●メモ

夏は鶏だんごの味つけは塩、こしょう。冬場はみそを加えてこっくりした味にします。

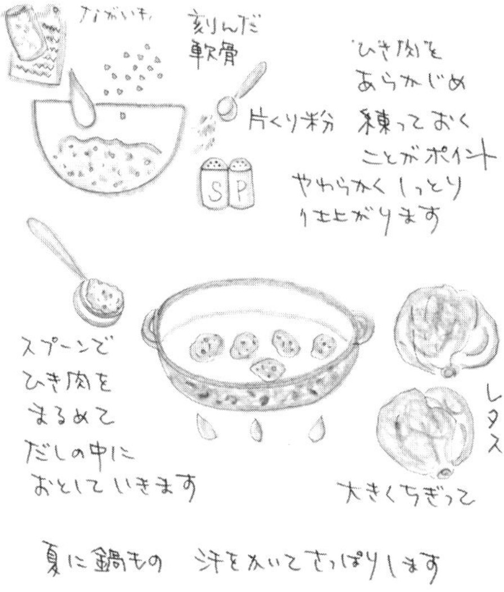

8月17日
はれ

煮豆失敗

突然白いんげんの甘煮が食べたくなって、常備品の入ったひき出しをごそごそ。さっそく水につけおき、半日たった晩から豆を煮はじめました。もうその頃には煮豆への欲求は半分くらいになっているんですけれどね。もうどうしようもなく煮豆が食べたいって思うことが年に二、三度あります。それも市販のものでなく、自分なりのお砂糖加減のもの限定。やっかいであります。

でもそうやって煮たお豆はほんとうにおいしい。ふっくらつややか。保存容器に入れて冷蔵庫に置いておくとなぜかほっと安心したりして不思議なものです。

それがそれが今日は作り急いだせいか、お砂糖を入れるタイミングを間違えてしまいました。お豆が完全にふっくらと煮上がってから味つけするのですが、お豆がかたいうちからお砂糖を加えてしまったのです。ちょっとした手順の違いでお豆はもうどんなに長く煮てもふっくらやわらかくなりません。食べられる程度にはなっていますが、理想的ではない。簡単なレシピほど、その手順を守らないとおいしいものはできないんですよね。

食べ急ぎ、作り急いだ結果です。残念。そのまま食べるより、ちょっとつぶしてバニラアイスに混ぜてみようと思います。

煮豆

●材料

白いんげん豆（乾燥のもの）300グラム
砂糖（あればざらめ）２カップ
塩　ふたつまみ

●作り方

1　豆を６カップの水につけて半日おきます。

2　そのまま鍋に移して火にかけ、沸騰してきたらアクをていねいに取ってから、煮汁を捨てます。

3　水６カップを再び加えて火にかけ、中弱火で1時間ほど煮て豆をやわらかくします。

4　豆のかたさを確認してふっくらしてきたら砂糖を加えて30分ほど煮て、最後に塩をして味をしめます。

●メモ

豆の種類や味つけにかかわらず、必ず豆を煮てやわらかくしてから味を含ませていきましょう。

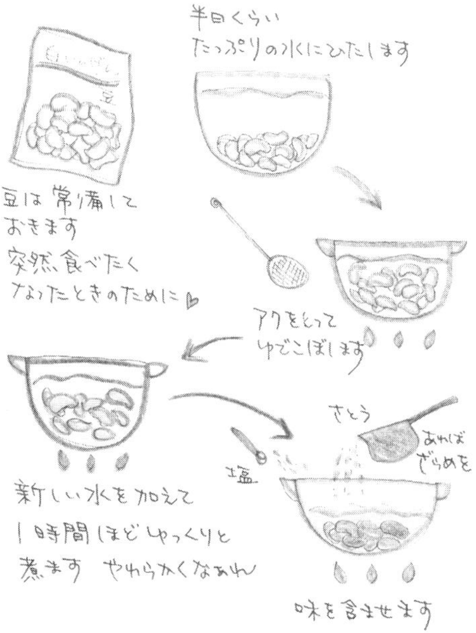
半日くらい
たっぷりの水にひたします
豆は常備して
おきます
突然食べたく
なったときのために♡
アクをとって
ゆでこぼします
新しい水を加えて
1時間ほどじっくりと
煮ます　やわらかくなあれ
さとう
あれば
ざらめを
塩
味を含ませます

8月20日
はれ

クロの気になる体重

この夏の暑さは半端ではなかった。風が完全に熱風だったこともはじめての体験。肌に気持ちのいい風がふくことがありませんでした。

夜はなんとか氷まくらでしのぎましたが、日中は氷をぶらさげておくわけにもいかず、つらかったな。チャッピーは一番涼しく、床が冷たい玄関に寝そべり、クロは一日に何度も何度も涼しい場所をさがして寝床をかえていました。クロはこの夏ほとんど外へ出かけていません。すずめを少し眺める程度ですぐに部屋のどこかへ隠れてしまう。お遊びもなんだかぐったりけだるそうで、続かない。

動くクロをほとんど見ることなく、この夏が過ぎました。

なので気がついたときには体重増加。そろそろ病院の検診のお知らせがくる頃だというのに。うちの先生やけに体重にきびしいんだよなあ。

と、クロの体重を気にしながら夫婦はたらふく食べる毎日。こう暑くても夏ばてしないのはよく食べ、よく寝ているからでしょうか。

今夜も豚のかたまりを煮てがっつり食べることにします。煮豚はいろいろ作り方がありますが、今日はジャスミンティーの香りをほんのり生かして夏らしく仕上げることにしました。いつものことですが、少し多めに煮ておくと、サラダやサンドイッチの具にしたり、チャーハンや麵類に刻み入れたりと便利です。

煮豚

●材料　4～5人分

豚肩ロースかたまり肉　600～700グラムくらい
ジャスミンティーの茶葉　大さじ2くらい
またはウーロン茶　その場合は葉を少なめに
酒　1.5カップ
砂糖、しょうゆ　各大さじ4
にんにく、しょうが　各ひとかけずつ
白髪ねぎ　適量

●作り方

1　かたまり肉は形をよくするためにたこ糸などでしばります。お店に頼むと糸をかけてくれますし、形が気にならないときはそのままでもおいしくできます。

2　にんにく、しょうがはつぶしておきます。

3　鍋に肉と茶葉、にんにく、しょうがを入れて、酒をそそぎ入れ、ひたひたくらいまで水をはって火にかけます。

4　沸騰してきたらアクを取りながら、30分煮ます。

5　煮汁が半分くらいになったら、茶葉をできるだけのぞいて、砂糖としょうゆを加えて、ときどき肉を返しながら煮汁がさらに半分くらいになるまで味を煮含めます。

6　煮汁のなかで冷まし、好みの厚さに切って、煮汁を少々かけて白髪ねぎをあしらいます。

●メモ

途中で茶葉をのぞくのは見た目の問題なので、適度に残っていても味には影響はありません。

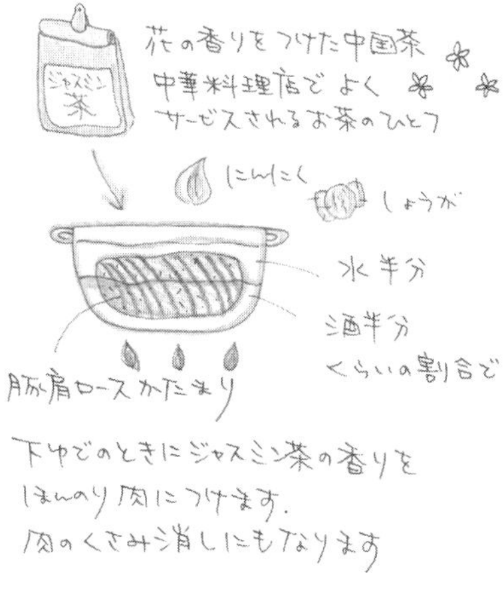
ジャスミン茶
花の香りをつけた中国茶
中華料理店でよく
サービスされるお茶のひとつ
にんにく
しょうが
水半分
酒半分
くらいの割合で
豚肩ロースかたまり
下ゆでのときにジャスミン茶の香りを
ほんのり肉につけます.
肉のくさみ消しにもなります

8月26日
くもり

涼しい長野へ

今日から2泊実家でやっかいになります。来年の本の準備のため、実家の母が作る保存食を撮影することになりました。

朝から畑や庭になっている野菜や果物を撮ってもらい、近所にある農家直売の野菜屋さんへ行ったりして、かなりハードな撮影。なにしろお天気が心配でなるべく日がいいときに外の撮影をすませてしまおうということになったのです。

お昼は母が畑で育てた野菜をてんぷらにし、父がそばをゆがいてくれました。そして箸やすめに出してくれたのが「やたら」という小鉢。いろんな種類の野菜が入った漬けもののような和えもののような。やたらといっぱい野菜を入れるからこの名がついたそうです。聞くと母が友人から教わった料理で一応漬けものらしい。みそ漬けの大根とか、きゅうりとか、瓜とか、なんでもいいからみそ味の漬け物をひとつ用意し、あとはなす、おくら、みょうが、しそ、ピーマンなど夏野菜と一緒に粗みじんに切って和えるだけなんだそうです。私はよくたくあんを細かく切って薬味野菜と和えたり、塩昆布と生の野菜を和えたりします。なにかひとつ味の濃いものを刻んで味だしにし、野菜をたっぷり食べようということなんでしょうね。スタッフみんなが「やたら」にはまり、めんつゆにも、ごはんにもやたらと合わせておりました。長野らしい料理です。

大根の味噌漬け
これは市販のものを使って

きゅうりだけは塩をほんの少しして
水気をしっかりしぼります

長野では丸なすを
使いました

なすは切ったら
色どめのために 5分くらい酢水につけて
よくしぼってから合わせます

夏野菜をやたらといれて作りましょ♡

秋

9月1日 はれ

仕事はじめ

長い夏休みも終わり、年末に向けて後半戦がはじまりました。初日から「おせち」料理。

こんなにまだまだ暑いのに、お正月の道具を出し、着物を着て、黒豆を煮、きんとんを練り、お煮しめを作り、とすすみます。季節はずれの料理をしなければならないのはもう慣れたはずですが、毎年のことながらお正月の料理だけはどうにも難しい。イベント好きだからでしょうか。気分が先行しないと頑張れない質《たち》なんですね、きっと。ですが、なんとか松や南天を活《い》けたり、お正月用の飾りや干支《えと》の人形を出したりして、家の中だけでもとお正月の雰囲気にして気持ちを盛り上げ、おせちを作り上げることができました。

黒豆がよく煮えました。ふっくら、つややか。ひとつぶひとつぶの形がとてもきれいです。一日の疲れもふっとびます。

黒豆

●材料　作りやすい分量

黒豆(乾燥のもの)　300グラム(2カップ)

砂糖　1カップ

しょうゆ、塩　各小さじ1

あれば鉄材やくぎ5～6本くらいを用意。鉄材を入れると黒い豆の色がきれいに出ますが入れなくてもおいしさは同じです。

●作り方

1　厚手の鍋に6カップの湯を沸かし、砂糖、塩、しょうゆを入れて煮溶かし、火を止めます。指の先を入れられる程度にぬるくなりはじめたらよく洗った黒豆を入れ、鉄材を加えて蓋をして一晩おきます。

2　一晩おいた鍋を火にかけ、沸騰してきたら鍋の蓋をずらし、1カップの水を加えて弱火に落とします。アクを取りながら3時間ほど煮ます。

3　煮汁がつねに豆にかぶっているようにときどき様子をみながら、湯を適量加えて煮て、豆をつまんでやわらかくなっていたら出来上がり。鉄材をのぞきます。

●メモ

黒豆はなるべく新しいものをもとめること。古いものほどやはり煮上がりがかたくなるようです。豆は水で洗って長い時間おくとしわしわになるので、水洗いしたらすぐに煮汁に入れるか、水につけておくことです。

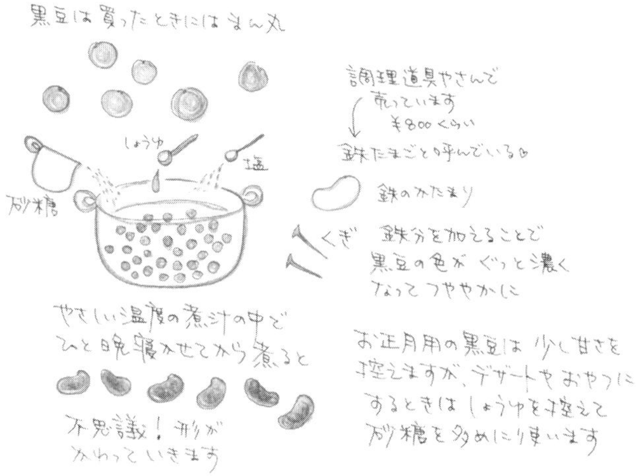

黒豆は買ったときにはまん丸
しょうゆ
塩
砂糖
調理道具やさんで
売っています
¥800くらい
鉄たまごと呼んでいる♡
鉄のかたまり
くぎ
鉄分を加えることで
黒豆の色がぐっと濃く
なってつややかに
やさしい温度の煮汁の中で
ひと晩寝かせてから煮ると
不思議！形が
かわっていきます
お正月用の黒豆は少し甘さを
控えますが、デザートやおやつに
するときはしょうゆを控えて
砂糖を多めに使います

9月6日
くもり

まつたけとりんご届く

長野の母からうれしい初ものの荷物が届きました。どちらもいいにおい、まつたけとりんご。まつたけは小ぶりながら長野産。さっそくごはんを炊きました。りんごは実家の近所のりんご農家のおばあちゃんからのおすそわけ。りんごはそのままかじって食べましたが、2個だけ残しておいて、赤ワインと合わせてコンポートにしました。煮すぎず、りんごの表面がうっすら赤くなるくらいに煮て、なかは白くサクサクしているくらいの加減に。最近こっているとても好きな煮方です。

初ものをいただく日はひざを正し、背筋がピッとのびる。そんな気持ちになります。

うちのまつたけごはんはまつたけのエキスの入った調味料を合わせて炊き、炊き上がりにまつたけを合わせます。母から教わった炊き方。もちろん最初からすべて合わせて炊いていただいてもおいしくできます。お弁当などに持っていくときにはもち米を少し入れて、しっとりと炊きます。

まつたけごはん

●材料　4人分くらい

まつたけ 2本
米 3合　薄口しょうゆ 大さじ2
塩 小さじ1/4　酒 大さじ1
だし 3カップ　油揚げ 1枚

●作り方

1　米はといでざるに上げておきます。

2　まつたけは石づきを落として薄切りにし、調味料と合わせて軽くもむように混ぜて15分ほどおきます。

3　油揚げは千切りにします。

4　鍋に米とだしを入れ、まつたけに合わせた調味料だけを加えてひと混ぜし、油揚げを上にのせて炊きます。

5　蒸らし時間にまつたけを合わせて、炊き上がったら軽く混ぜます。

りんごのコンポート

●材料　2個分

りんご 2個　赤ワイン 1カップ
砂糖　1/3〜1/2カップくらい
バニラビーンズ、八角、シナモンスティック、クローブ 各少々

●作り方

1　りんごは皮をむいて半分に切り、種の部分をのぞき、鍋に入れます。

2　赤ワインと同量の水、砂糖、スパイスを入れて火にかけ、吹いてきたら落とし蓋をして10分煮て、火を止めて冷まします。

3　冷蔵庫で冷やしてもいいですし、あったかいコンポートもおすすめです。アイスクリームなどを合わせていただきます。

●メモ

スパイスはすべてそろわなくてもおいしくできます。手に入るものを使ってください。

9月10日
くもりときどきあめ

酒粕よみがえる

夏前にいただいた隼人《はやと》うりの粕漬けの酒粕が冷蔵庫にずっと入っていました。うりはとっくに食べてしまったんですが、残った粕をなんとか利用しようと思ってとっておいたのです。

近所のお魚屋さんのみそ漬けをまねて、味噌、砂糖、しょうゆを混ぜて練り合わせ、ちょっと塩をした銀だらや金目鯛を漬けてひと晩おき、焼いてみたところ、うまぁい。身が甘くて、塩気がまろやか。ごはんが何杯も食べられる。夫はいっきに3切れをパクパクッと食べてしまったほど。お魚もいいし、酒粕の状態もよく、ぴったりの相性だったのでしょうね。料理なんてそんなもんです。

まったくの目分量だったので、ここではまだレシピを書くことができませんけれど、こんなに簡単にできるなら、また近いうちに作ってみよう。もともとの酒粕についている味もあるでしょうし。すみません、ここではただおいしかったの報告だけ。酒粕を見直しました。

9月15日
はれ

松本取材

今日から一泊でロケ。朝一番のあずさに乗り、松本に出かけました。

松本もまだまだ暑かった。東京より湿気がないものの、歩いているだけで汗が出ます。ちょっと小道に入るとすすきの穂が出ていたり、紅葉してきた葉が落ちていたりはしているのですが、日ざしの強さには驚くものがありました。

1日めは器屋さんをめぐり、大好きな木工作家三谷龍二氏の工房を訪ね、民芸館を散策し、夜ごはんのおすすめのお店草菴を取材。暑い一日でしたけれど、充実感でいっぱいです。今回の取材は、信州で暮らしたことがある私が松本の街を案内するというテーマだったのですが、知らないこともたくさんあって新しい松本を見たような気がします。旅の仕事が好きな理由はそんなところにあるようです。

草菴でいただいた初秋のお鍋がおいしかったので記します。さっそく家に帰って作ってみました。なすとみょうががたっぷりと入った、香りのいいさっぱり鍋です。

なすとみょうがの鍋

●材料　４人分

なす　６本
みょうが　８個
豚薄切り肉　８枚くらい
好みのきのこ　適量
草菴では、りこぼうやなめたけ、ひらたけ、岩茸など地元のきのこが入っていました
だし　４カップ
塩　小さじ１
薄口しょうゆ　大さじ２
みりん、酒　各少々

●作り方

1　なすとみょうがは薄切り、豚肉は一口大に切り、きのこは食べやすい大きさに切ります。

2　鍋にだしを入れ、調味料で味をととのえ、まず豚肉を入れて煮て、火が通ったら野菜を入れ、ひと煮したら出来上がり。

9月18日
はれのちくもり

船の1級免許をとる

もう20年以上も前になるでしょうか。なぜか車の免許も持っていないときに、船の4級船舶免許というのをとっていました。当時は水上スキーにはまっていたこともあって、勢いで取得していたのです。その4級船舶免許がいつのまにか、船舶法の改正で2級という形になっており、今度はその2級を持っている人はステップアップ講習というのを受けて、最後に試験を受けると1級船舶をとれるというので、今日から2日間お勉強することに。

私が1級をとったところで、どんな船に乗るんだいって、笑われてしまいそうですが、そろそろ釣りでもはじめようかという夫に誘われてとにかく受けられるものは受けておこうと出かけました。

海図やお天気のことなど、難しい講習でしたが、久しぶりに頭の体操をしたおかげで、なんだか全身がすっきり。いかに日々頭が動いていないかを痛感しました。

そんなときにも食い意地がはっているものです。お昼に用意していただいたまぐろ丼弁当がおいしかった。まぐろのヅケをたたいたものが炊きたてのごはんに広げられて、その上にまぐろの赤身の切り身がぎっしりのって。仕出しのお弁当でこんなにおいしいごはんが詰まっていたのははじめてかもしれないくらい、お米がよかったのです。そしてねっとりとたたいたヅケがペタッとごはんにのっているのもよかった。わたし好み。さっそくうちでもまねしてみたい丼です。

ちなみに免許は無事とれました。釣り人になる日も近いかな。

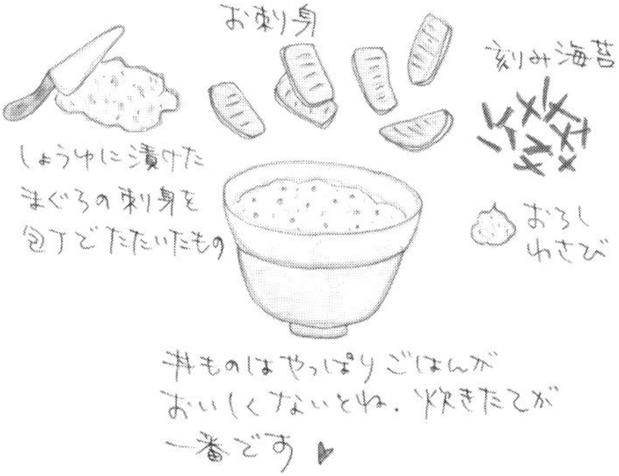
お刺身
刻み海苔
しょうゆに漬けた
まぐろの刺身を
包丁でたたいたもの
おろし
わさび
丼ものはやっぱりごはんが
おいしくないとね．炊きたてが
一番です♥

9月28日
くもり

すずめの砂遊びと十五夜

先月の日記にすずめが土に穴を掘っていると書きましたら、読者のかたからさっそくメールをいただきました。あの行動はすずめの砂遊びといわれているとのこと。羽がかゆいのでもなく、あたたまろうとしているのでもなく、楽しく遊んでいるらしい。今日もたくさんすずめが米粒をつまみにやってきました。

見ていると、ほんとに遊んでる。大きいすずめが、小さなすずめに「やってごらん」って誘っているようにもみえて微笑《ほほえ》ましかった。

ちょっと家を留守にしていることが多かったので、ひさしぶりにベランダでのんびりお茶を飲み、本を読んだり、手紙を書いたりの一日。チャッピーとクロも風に当たって気持ちよさそうです。

夜はお月見のお膳にと、菊の酢のものを作って、お酒の肴にし、里いもとゆずの炊き込みごはんでしめました。酢のものに梨を刻んで入れるとほんのり甘くておいしいです。

菊ときのこ、梨の酢のもの

●材料　2人分

菊　1パック
えのきだけ　1/2パック
梨　1/8個
酢、砂糖　各大さじ1
塩　適量

●作り方

1　菊は花びらを摘んでさっと塩を入れた熱湯でゆがいてざるに上げて冷まします。

2　えのきは長さを3等分し、ほぐして同じく塩ゆで。梨は5ミリ角くらいに刻んでおきます。

3　酢と砂糖、塩ひとつまみを合わせて甘酢を作ります。

4　菊の水気をしぼって、えのきと梨と合わせて甘酢で和えます。

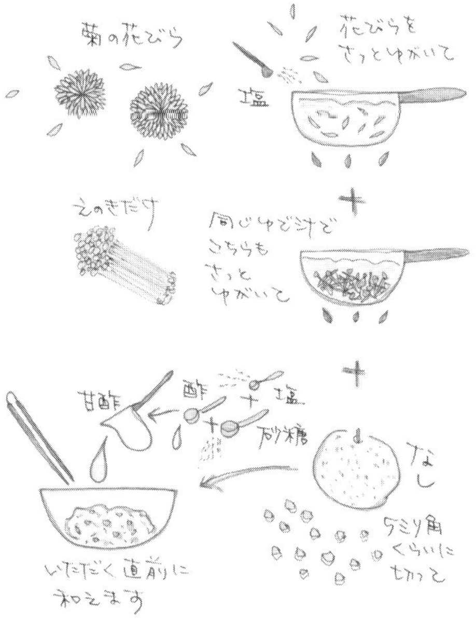

9月30日
はれ

ちっちゃな報告

本日をもって、この日記を終わりにします。２年という長いあいだ読んでくださった読者のみなさんありがとうございます。

最後にひとつ報告を。来年早々に家族がふえることになりました。やっと自分の中に新しい命が宿ったことを実感できる月になり、書くことにいたしました。

結婚をしてから、仕事がはじまり、そして40にして子供を授かりと、人生って、いろいろあっておもしろいもんですね。我々両親がそろって暴れんぼうだからでしょうか、おなかの子はとても妊婦にやさしかった。エネルギーがどんどんあふれて、今まで以上に仕事ができたように思います。

これからまた料理や暮らしもかわってくるでしょう。そんな生活やちっちゃな変化を少しずつまたお伝えできる日がきましたらと思っています。また10年後あらたな自分を見つけたい。この日記が続けられたら幸せです。

索引

●ご飯もの

●野菜のおかず

●豆腐・大豆加工品・練り物

●パン

●デザート・他

この作品は「ウェブマガジン幻冬舎」Vol.68〜Vol.101
http://webmagazine.gentosha.co.jp/
に発表されたものに加筆修正しました。

タイトル文字・本文イラスト／飛田和緒
カバーイラスト，扉・目次イラスト／玉村幸子
ブックデザイン／赤治絵里（幻冬舎デザイン室）

飛田和緒　KAZUWO HIDA

1964年東京都生まれ。20歳までバレリーナとして舞台に立ち、その後はOLなどを経て現在は料理家として雑誌、テレビなどで活躍中。身近にある材料で誰でも簡単に作れる料理が幅広い年齢層から支持されている。著書に『いつものおむすび』（幻冬舎）、『飛田和緒さんの毎日まいにち野菜のおかず』（学習研究社）、『飛田和緒のおもてなし12か月　ようこそ！ わが家のテーブルへ』（扶桑社）など。
ホームページ　http：//www.okazu-web.com

晴れた日にはキッチンで

2005年2月25日　第1刷発行

著　者　飛田和緒
発行者　見城 徹

発行所　株式会社 幻冬舎
〒151-0051東京都渋谷区千駄ヶ谷4-9-7
電　話　03(5411)6211（編集）　03(5411)6222（営業）
振替00120-8-767643

印刷・製本所　株式会社 光邦

検印廃止

ISBN4-344-00744-1　C0095

幻冬舎ホームページアドレス　http://www.gentosha.co.jp/
この本に関するご意見・ご感想をメールでお寄せいただく場合は、
comment@gentosha.co.jpまで。